ERICH NEUMANN
AMOR UND PSYCHE

ERICH NEUMANN

Amor und Psyche

DEUTUNG EINES MÄRCHENS

EIN BEITRAG
ZUR SEELISCHEN ENTWICKLUNG
DES WEIBLICHEN

MIT DEM TEXT DES MÄRCHENS
VON APULEIUS IN DER
ÜBERSETZUNG VON A. SCHAEFFER

WALTER-VERLAG
OLTEN UND FREIBURG IM BREISGAU

7. Auflage 1990

© des Märchens: Insel Verlag, Frankfurt 1926
© des Kommentars: Walter-Verlag AG, Olten 1971
Gesamtherstellung in den grafischen Betrieben des Walter-Verlags
Printed in Switzerland

ISBN 3-530-60849-1

INHALTSVERZEICHNIS

Notwendige Vorbemerkung
des Übersetzers
7

Apuleius
Das Märchen von Amor und Psyche
9

Erich Neumann
Eros und Psyche
61

Nachwort
165

Literaturverzeichnis
175

NOTWENDIGE VORBEMERKUNG
DES ÜBERSETZERS

Ungeschickt würde ich mir vorkommen, wollte ich ein so leichtes und amüsantes, ja in seinen meisten Teilen recht leichtfertiges Buch wie das hier vorgelegte durch eine von Sachlichkeit stachlige Einleitung zu verbarrikadieren suchen. Weil dem Leser aber der Stil, in dem es geschrieben wurde, vielleicht etwas wunderlich vorkommen könnte, so sei hierzu bemerkt – zunächst, daß von diesen Stil-Eigentümlichkeiten nichts von der Hand des Übersetzers herrührt. Im Gegenteil, während der erste und bisher einzige Übersetzer des Buches, Rode, ein Zeitgenosse Goethes, die Form dieses Werkes vollständig vertilgte – mit der Bemerkung, Apuleius habe nicht gut schreiben können, und daher habe er, Rode, diese Unfähigkeit nach Kräften durch seine eigene Kunstfertigkeit behoben –, im Gegenteil zu dieser, bei Philologen und Dilettanten freilich üblichen Anmaßung habe ich meine Aufgabe vielmehr in einer Nachbildung der Form und Sprache gesehen, die dem Original so getreu sei, wie es die Verschiedenheit der Sprachen nur irgend erlaubte; habe vor allem mich heilig gehütet, nicht ein Wort und nicht eine Wendung aus Eigenem einzufügen, ausgenommen gewisse Stellen, wo sachliche oder Sinnes-Unverständlichkeit eine Verdeutlichung gebot. Wenn also die ganze Summe stilistischer Kunstfertigkeit, diese Summe von zierlichster wie preziösester Sprach-Spielerei, barockem Schwulst, nebst dem Schillern der

Fremdworte, Wortspiele, Silben-Spielereien, Alliterationen, Assonanzen und Reime, dazu einem Satzbau von oft ungeheuerlich verschlungener und verästelter Abstraktion, nach Möglichkeit bewahrt wurde, so muß der Übersetzer gleichwohl betonen, daß sein vorliegender Text hinter dem des Originals von gewollter Verwickeltheit, ja Verworrenheit noch immer zurückblieb in dem einen Punkte der Wortstellung. Diese ist beim Lateiner an sich, wie der humanistisch gebildete Leser sich von Horaz her erinnert, bedeutend freier als bei uns; und in dieser Freiheit oder Willkürlichkeit leistet Apuleius das Menschenmögliche, so daß also zwischen seinem lateinischen Satze und meinem deutschen, mutatis mutandis, noch immer ein Unterschied bestehen mag, wie beispielsweise zwischen dem Satze C. F. Meyers und Maximilian Hardens. Ultra posse nemo obligatur: jede Sprache hat ihre Gesetze und Grenzen, vielmehr alle haben sie gradweise verschieden, nur die des Apuleius hat sie nicht. Zu einigen kleinen und einer größeren Kürzung im letzten Buch glaubte ich mich deshalb berechtigt, weil es Apuleius' Absicht war, dem Leser seiner Zeit ein unterhaltendes Buch zu bieten; da er dem heutigen Leser, sofern er von ihm etwas ahnen mochte, sicher das gleiche wünschte, schien ich mir nur in seinem Sinne zu handeln, indem ich Stellen beseitigte, die dem Leser von heute inhaltlich öde erschienen wären und formal ohne Reiz. – So nehme der Leser denn, was mein beschränktes Deutsch zu bieten vermag, diesen gemilderten oder gezähmten apuleianischen Esel freundlich auf!

A. Schaeffer

APULEIUS

DAS MÄRCHEN
VON AMOR UND PSYCHE

Es waren in einer Stadt ein König und eine Königin. Diese hatten drei Töchter von ausgezeichneter Gestalt, aber die älteren, obgleich von angenehmstem Aussehen, konnten immerhin mit menschlichen Lobsprüchen hinlänglich gefeiert werden, dagegen die so vorzügliche und höchst herrliche Schönheit der jüngsten Tochter konnte mit der Armut der menschlichen Rede nicht ausgedrückt und nicht einmal genugsam gepriesen werden. Viele der Bürger endlich und reiche Fremdlinge, welche das Gerücht des ungemeinen Schauspiels mit eifriger Schnelle versammelte, verehrten sie, betäubt von Verwunderung ihrer unerreichbaren Schöne und indem sie den Zeigefinger der Rechten auf den Daumen gekrümmt dem Munde näherten, wie die Göttin Venus selbst mit gottesfürchtigen Anbetungen. Und schon hatte die nächsten Städte und angrenzenden Gegenden der Ruf durchdrungen, daß die Göttin, die von der blaudunklen Tiefe des Meeres geboren und mit dem Tau der schäumenden Fluten aufgezogen war, weit und breit die Gnade ihrer Gottheit gewähre und inmitten der Volksmengen umhergehe; oder sicherlich, daß abermals durch einen neuen Sproß himmlischer Tropfen nicht die Meere, sondern die Länder eine andre, mit jungfräulicher Blüte begabte Venus hervorgetrieben hätten. Also wuchs diese Einbildung von Tag zu Tag ungeheuer; also durchschweifte die nächsten Inseln schon und viel Landes und die meisten Provinzen das ausgedehnte Gerücht. Und schon fluteten viele der Sterblichen auf langen Reisen und durch die tiefsten Strömungen der Meere zu dem glorreichen Wahrzeichen des Jahrhunderts. Nach Paphos niemand, nach Knidos niemand, und nicht einmal nach Cythere schifften sie zum Anblick der Göttin Venus; ihre Opfer werden verschoben, die Tempel entstellt, die Polster vergessen, die Zeremonien vernachlässigt; unbekränzt sind die Bilder und leer die Altäre, mit kalter Asche beschmutzt. Zu dem Mädchen wird gebetet, und in ihren menschlichen Mienen wird das Walten einer so großen Göttin verehrt; und bei dem morgendlichen Hervorschreiten der Jungfrau wird der Name der abwesenden Venus durch Opfer und Speisen begütigt, und schon beten die Volks-Mengen die durch die Gassen Schreitende häufig mit losen und verflochtenen Blumen an.

Diese maßlose Übertragung himmlischer Ehren auf den Kult eines sterblichen Mädchens erregte heftig die Sinne der wahren Venus, und ungeduldig, den Kopf vor Entrüstung schüttelnd und tiefer murrend, besprach sie sich mit sich selbst: «Siehe du, alte Mutter der Natur und der Dinge, siehe, du anfänglicher Ursprung der Elemente, siehe, des ganzen Erdkreises nährende Venus, die du dem sterblichen Mädchen gleich mit geteilten Ehren der Majestät behandelt wirst, siehe, wie dein im Himmel gegründeter Name durch erdenen Schmutz profaniert wird! Wahrhaftig habe ich durch das uns gemeinsame Opfer die Ungewißheit ihrer stellvertretenden Verehrung zu leiden, und mein Bildnis trägt das Mädchen umher, das sterben wird. Umsonst zog jener Hirt, dessen Gerechtigkeit und Treue der große Jupiter billigte, mich ob meiner ungemeinen Erscheinung den so großen Göttinnen vor.* Aber nicht sehr freudig wird diese, wer sie auch ist, sich meiner Ehren bemächtigen: schon werde ich sie diese und die unerlaubte Schönheit bereuen machen.»

Und sie ruft sogleich ihren Knaben, jenen geflügelten und sattsam waghalsigen, der nach seinen schlechten Sitten unter Verachtung der öffentlichen Disziplin, mit Flammen und Pfeilen bewaffnet, nächtlich durch fremde Häuser läuft und alle Ehen zerbricht, straflos so große Schandtaten begeht und durchaus nichts Gutes tut. Diesen, obwohl durch gebürtige Dreistigkeit ein Frechling, reizt sie mit Worten obendrein, führt ihn zu jener Stadt und zeigt ihm Psychen – denn mit diesem Namen war das Mädchen benamst – in Person, und nachdem sie ihm jene ganze Mär vom Wetteifer der Schönheit berichtet, sprach sie glühend und sprühend vor Entrüstung: «Ich flehe dich bei den Bünden der mütterlichen Liebe an, bei den süßen Wunden deines Pfeils, bei den Honigbränden deiner Flamme, gewähre Rache, aber völlige, deiner Mutter und schreite streng gegen die unbeugsame Schönheit ein; und eines, ein einziges vor allem bewirke mit Willen: diese Jungfrau möge von brennendster Liebe besessen werden zu einem äußersten Menschen, den Fortuna seine Würde sowohl wie sein Erbteil und sogar seine Leibes-Unversehrtheit hat einbüßen lassen; eines so tiefen Menschen, daß er im ganzen Erdkreis keinen Gefährten seines Elendes auffinden mag.»

Nachdem sie so gesprochen und mit lechzenden Küssen ihren Sohn lange an sich gedrückt und geküßt hatte, suchte sie die nächsten Küsten des überspülten Gestades auf; und mit rosigen Sohlen den obersten Tau der bebenden Fluten betretend,

* Paris

siehe, da läßt sie sich nun auf den trockenen Scheitel des Meeres-Abgrundes nieder; und was sie nur zu wünschen beginnt, das verzögert, also ob sie's schon vorher geboten hätte, den Gehorsam des Meeres nicht: da sind die chorsingenden Töchter des Nereus, und der rauhe Portunus mit blaudunklen Bärten, und die schwere Salacia mit fischreichem Busen, und der kleine Delphin-Lenker Palämon, schon die weit und breit Meere durchschwärmenden Scharen der Tritonen: Dieser bläst sanft auf dem tönenden Muschel-Horn, jener tritt mit dem Schirm von Serer-Seide der Glut der feindlichen Sonne entgegen; ein andrer bringt vor die Augen der Göttin den Spiegel, andre schwimmen als Zweigespann unter dem Wagen. Ein solches Heer begleitet die zum Ozean aufbrechende Venus.

Unterweil sammelte Psyche mit der ihr eigentümlichen Schönheit keine Frucht ihrer Zierden. Sie wird von allen beschaut, von allen gepriesen, doch nicht einer, kein König, kein Königlicher und nicht einmal einer vom Plebs nahte sich ihr als Werber, sie zu ehelichen begehrend. Sie bewundern zwar ihre göttliche Erscheinung; aber wie ein kunstfertig poliertes Bildnis bewundern sie alle. Ihre beiden älteren Schwestern, deren gemäßigte Schönheit keine Völker beschrien, hatten schon lange als Verlobte königlicher Freier glückliche Heiraten erlangt, aber Psyche beweint, als ledige Jungfrau zu Hause sitzend, ihre verlassene Einsamkeit, krank an Körper, verwundeten Geistes, und sie haßt gegen sich selbst ihre, obwohl so vielen Leuten wohlgefällige Schönheit. Somit erforscht der ärmste Vater der unseligen Tochter, himmlischen Haß argwöhnend und den Zorn der Oberen fürchtend, das uralte Orakel des milesischen Gottes und erfleht mit Bitten und

Opfern von einer so großen Gottheit für die ungenehme Jungfrau Ehe und Gatten. Apoll, obzwar Grieche und Ionier, antwortet so mit lateinischem Spruch:

Setz, o König, dein Kind auf die höchste Klippe
    des Berges,
    Mit des Totengemachs traurigem Schmucke
      geziert.
Nicht von sterblichem Stamm erwählt den Eidam
    dir hoffe,
    Sondern wütend und wild ist er und schlangen-
      umrankt,
Der mit Schwingen den Äther befliegend alles
    ermattet
    Und mit Eisen und Glut jeden zu schwächen
      versteht,
Dem auch Jupiter bebt, der Götter erschreckende
    selber,
Dem auch schaudert die Flut und das Finster
    des Styx.

Nachdem der einst glückliche König den Ausspruch der Wahrsagung empfangen, bricht er langsam und trübe nach Hause auf und entknotet seiner Gattin die Weisungen des unseligen Spruches. Da wird getrauert, geweint, lamentiert an vielen Tagen. Aber schon drängt der abscheuliche Vollzug des grausamen Orakels. Und schon wird das Schaugepränge der Begräbnis-Hochzeit für die ärmste Jungfrau hergerichtet, schon welkt das Licht der Hochzeits-Fackel unter der Asche schwarz ausgestreuten Rußes, und der Ton der Braut-Flöte verkehrt sich in Klage-Weise, der freudige Hymnensang endet in Trauergeheul, und das bräutliche Mädchen trocknet seine Tränen mit ihrem Brautschleier. Also beseufzt auch die ganze Stadt des zerrütteten Hauses trauriges Schicksal, und der öffentlichen Betrübnis gemäß werden sogleich Gerichts-Ferien verkündet.

Allein die Notwendigkeit, den himmlischen Befehlen zu gehorchen, fordert die arme Psyche für die ihr verhängte Strafe, und nachdem also die Feierlichkeiten der Leichen-Brautkammer in tiefster Trauer vollendet sind, wird unter Gefolgschaft des ganzen Volkes das lebendige Begräbnis weiter ausgeführt, und die beträntе Psyche begleitet nicht ihren Brautzug, sondern ihre Exequien. Aber dieweil die bekümmerten, von einem so großen Unglück erschütterten Eltern die ruchlose Tat zu vollenden zögern, mahnt die Tochter selbst sie mit solchen Worten:

«Was kreuziget ihr mit beständigem Weinen euer unglückliches Greisentum? Was ermattet ihr euren Geist, der vielmehr mein eigner ist, mit häufigem Weinen? Warum entstellt ihr mit unwirksamen Tränen eure mir ehrwürdigen Gesichter? Warum zerreißt ihr in euren Augen mein Augenlicht? Warum rauft ihr das Silberhaar? Warum schlagt ihr die Brust, warum die heiligen Brüste? Dies sind euch die leuchtenden Belohnungen meiner erlesenen Schönheit. Spät fühlt ihr euch nun vom tödlichen Stoß des ruchlosen Neides durchbohrt. Als Menschen und Völker mich mit göttlichen Ehren feierten, als sie einstimmigen Mundes mich ‹neue Venus› benamsten, da hättet ihr euch peinen, da weinen, da mich als gleichsam schon Ausgetilgte betrauern müssen. Schon spür ich, schon seh ich mich umgekommen allein durch den Namen der Venus. Führet mich und setzet mich auf den Gipfel, dem der Spruch dieses anzeigte. Ich eile, diese unselige Hochzeit zu leiden, ich eile, jenen meinen großedlen Gatten zu sehen. Warum soll ich den Kommenden fernhalten, warum mich ihm weigern, der zum Verderben des ganzen Erdkreises geboren ist?»

So gesprochen verstummte die Jungfrau und mischte sich mit nunmehr kräftigem Schritt unter den Prunkzug des begleitenden Volkes. Es wird zur bestimmten Klippe des steilen Berges gegangen, wo sie das auf die höchste Spitze gestellte Mädchen alle verlassen, und die Hochzeits-Fackel, mit der sie vorgeleuchtet hatten, von ihren Tränen gelöscht da zurücklassend, bereiten sie sich mit gesenkten Häuptern zur Heimkehr. Und ihre elenden Eltern, von solch einem Unheil erschöpft, ergaben sich in dem verschlossenen Haus, in Finster versteckt, beständiger Nacht. Psychen aber, die auf jener Klippe angstvoll bebte und weinte, erhebt unmerklich der linde Hauch des weich atmenden Zephyrs und trägt sie mit da und dort wallenden Gewanden und zurückgeblasenem Kleidbausch auf seinem ruhigen Wehen über die Hänge des hohen Felsens und legt die sanft Niedergeglittene in den Rasen-Schoß des darunter liegenden blühenden Tals.

In zarter und grasreicher Gegend, auf einem Pfühle betauten Rasens angenehm daliegend, ruhte Psyche süß, da eine so große Verwirrung ihrer Sinne gestillt war. Und schon erfrischt von Schlummer genug, erhebt sie sich ruhigen Geistes. Sie sieht einen Hain von hochgewachsenen und riesigen Bäumen; sie sieht eine Quelle, helle von glänzendem Naß; und in des Haines mittelster Mitte, dem Falle der Quelle nah, steht ein königliches Haus, erbaut nicht von menschlichen Hän-

17

den, sondern von göttlichen Künsten. Schon beim ersten Eintritt würdest du wissen, daß du den lichten und lieblichen Aufenthalt eines Gottes sähest. Denn das oberste Getäfel der Decke, sorgfältig aus Zitronenholze und Helfant gehöhlt, wird von güldenen Säulen getragen, und alle Wände sind mit einer erhabenen Arbeit aus Silber bedeckt, mit Bestien und solcher Art Herdenvieh, das dem Antlitz der Eintretenden entgegenrennt. Wunderbar in der Tat der Mensch, vielmehr halbgöttlich, nein, ein Gott, der ein solches Silber mit der Subtilität seiner großen Kunst zu Tieren gebildet. Und gar der Estrich selbst ist von preislichem, hiebweise gemindertem Stein zu verschiedenen Arten von Bildwerk gesondert: gewaltig glücklich, und noch einmal und öfter glücklich jene, die über solche Zieraten und Kleinodien mit Füßen treten. Und nun erst die übrigen Teile des weit und breit hingestreckten Hauses von unpreisbarer Preislichkeit und die ganz von Massen Goldes gefügten Wände schimmern mit eigenem Glanz, so daß sich das Haus seinen Tag selbst machen würde, falls es die Sonne nicht wollte: so blitzten die Gemächer, so der Portikus, so selbst die Türflügel. Nicht minder entsprechen die übrigen Schätze der Hoheit des Hauses, so daß dieser himmlische Palast allerdings für den großen Jupiter zum Menschenverkehr mit Recht hergestellt scheinen möchte.

Vom Ergötzen solcher Örter verlockt, tritt Psyche näher hinzu und macht sich ein wenig vertraulicher über die Schwelle; und bald von der Begierde zu der allerschönsten Vision gereizt, durchstöbert sie jegliches und erblickt auf der anderen Seite des Hauses einen Speicher, vollendet mit sublimem Geschick und gefüllt mit den größten Pretiosen. Und es gibt durchaus Nichts, was es da nicht gibt. Aber abgesehen von der

übrigen Wunderbarkeit so großer Reichtümer, war vorzüglich wunderbar dies, daß von keiner Fessel, keinem Rie-
gel, keinem Hüter der Hort der ganzen Erde beschirmt wurde. Da sie dies mit höchster Wonne beschaut, beut sich ihr
eine Stimme, frei von Körper, und sagt: «Was, Herrin, er-
starrst du vor solchen Schätzen? Dein ist dies alles. Deshalb
begib dich ins Schlafgemach und erquicke die Müdigkeit auf
dem Bettlein und suche nach Belieben das Bad auf. Wir, deren Stimmen du vernimmst, deine Dienerinnen, werden dich
emsig bedienen, und die Besorgung königlicher Mahlzeiten
für deinen Leib wird nicht versäumt werden.»
Psyche spürt das Glück und die Ermunterungen der göttlichen Vorsehung, da sie die gestaltlosen Stimmen hört, und sie
löst erst durch Schlaf, danach durch ein Bad ihre Müde; und
da sie ganz in der Nähe eine halbrunde Anhöhe erblickt,
glaubt sie wegen der darauf getroffenen Mahles-Zurüstung,
daß dies zweckmäßig zu ihrer Erfrischung sei, und legt sich
gerne hinzu. Und auf der Stelle werden ihr zahlreiche Gänge
Nektar-Weins und unterschiedlicher Speisen ohne Bedie-
nung, sondern nur durch einen Hauch herbewegt, darge-
reicht. Niemand konnte sie sehen, sondern sie hörte nur
entschlüpfende Worte und hatte nur Stimmen zu Dienerinnen. Nach der üppigen Speisung trat jemand ein und sang
ungesehen, und ein andrer spielte die Cithara, die selbst nicht
zu sehen war. Dann wurde die zusammengedrängte Stimme
einer melodisch singenden Menge an ihr Ohr getragen, so
daß, obgleich von Menschen niemand erschien, der Chor
dennoch offenbar da war. Nach beendetem Vergnügen begab
sich Psyche, da der Abend es riet, zum Lager. Und bei schon
vorgeschrittener Nacht naht ein sanfter Ton ihren Ohren. Da

fürchtet sie bei der großen Vereinsamung für ihre Jungfräulichkeit, und sie bangt und erstarrt und ängstigt sich vor einem Argen um so ärger, als sie nichts weiß. Und schon war der unerkennbare Gatte da und hatte den Pfühl bestiegen und sich Psychen zum Weibe gemacht und war vor Aufgang des Lichts eilig davongegangen. Sogleich sorgen im Schlafgemach bereitstehende Stimmen für die Neuvermählte gemordeter Jungfräulichkeit. Und so ward es durch lange Zeit gehalten. Und wie es die Wirkung der Natur ist: das erst Fremde gedieh ihr durch beständige Gewohnheit zum Ergötzen, und der Laut der ungewissen Stimme ward ihrer Einsamkeit Trost.

Unterweile alterten ihre Eltern durch die unermüdliche Betrübnis und Trauer; und da sich das Gerücht dieser Ereignisse weiterhin ausdehnte, erfahren ihre älteren Schwestern alles, und sie verlassen in Eile betrübt und bekümmert ihre Häuser und brechen wetteifernd auf zu ihrer Eltern Anblick und Ansprache. In selber Nacht spricht zu Psychen also ihr Gatte, – denn abgesehen von den Augen war er mit Händen und Ohren ihr wahrnehmbar:

«Süßeste Psyche und teures Gespons, dir droht das grimmige Schicksal eine verderbliche Gefahr, die, wie ich meine, mit genauester Vorsicht zu beobachten ist. Schon kommen deine Schwestern, von der Einbildung deines Todes verwirrt und deine Fußspur suchend, gerade zu dieser Klippe; wenn du vielleicht ihre Lamentationen vernimmst, antworte nicht, vielmehr sieh überhaupt nicht hin, sonst wirst du mir schwersten Schmerz, dir aber das höchste Unheil schaffen.»

Nickt sie und gelobt, nach des Gatten Willen zu handeln; als aber er zugleich mit der Nacht entglitten ist, verbringt die

Arme den ganzen Tag mit Tränen und Brustschlagen, sich wiederholend, daß sie jetzt allermeist und von Grund aus verloren ist, sie, die in der Hut des glückseligsten Kerkers verschlossen und beraubt der Zwiesprache menschlichen Umgangs, nicht einmal ihren über sie trauernden Schwestern heilsame Hülfe bringen, ja sie überhaupt nicht einmal sehen könne. Nicht vom Bad, nicht vom Mahl, nicht von irgendeiner Erfrischung erquickt, begibt sie sich reichlich weinend zum Schlafen. Ohne Verzug legt etwas früher der Gatte sich auf das Bette und stellt, die auch jetzt noch Betränte umschlingend, sie also zur Rede:

«Hast du mir dies versprochen, meine Psyche? Was soll ich, dein Gatte, von dir noch erwarten, was von dir hoffen? Bei Tag und bei Nacht und nicht einmal unter den ehelichen Umarmungen lässest du ab dich zu kreuzigen? Tue nunmehr jetzt, wie du willst, und gehorche deinem Schaden fordernden Sinn. Nur gedenken wirst du meiner ernsten Ermahnung, wenn du zu spät bereuen beginnst.»

Da quält sie mit Bitten und indem sie zu sterben droht, aus dem Gatten heraus, daß er ihre Wünsche bewilligt, daß sie die Schwestern sieht, ihre Trauer stillt, ihre Gesichter zusammenfügt. So gewährte er denn Nachsicht den Bitten der Neuvermählten und zugestand ihr überdies, die Schwestern mit Gold und Juwelen soviel sie wolle zu beschenken, mahnte sie aber zu wiederholten Malen und bedrohte sie oft, daß sie niemals, vom verderblichen Rat überredet, nach der Gestalt des Gesponses frage, aufdaß sie durch sakrilegische Neugier nicht von einer solchen Anhäufung von Glücksgütern zu Boden stürze, da sie denn nachher seine Umarmung nicht mehr erlangen würde. Sie sagt ihrem Gatten Dank, und schon

21

mit freudigerem Geiste: «Aber eher», sprach sie, «sterbe ich hundert Mal, als daß ich deine süßeste Beiwohnung entbehre. Denn ich liebe dich auch bis zum Sterben, wer du auch bist; ich liebe dich gleich wie mein eigenes Leben, ich stelle dich Cupido selber nicht gleich. Aber auch dieses verstatte bitte meinem Flehn und befiehl deinem Famulus Zephyr, daß er mit der gleichen Fahrt wie mich mir auch die Schwestern hierhersetzt.» Und holdere Küsse ihm aufdrückend und besänftigende Worte hinzufügend und um ihn biegend ihre drängenden Glieder, setzt sie noch dies mit Schmeicheln hinzu: «Mein Honigsüßer, mein Gespons, süße Seele deiner Psyche!» Der Macht und Gewalt des venusischen Girrens unterlag wider Willen der Gatte und gelobte alles zu tun; und da auch das Tageslicht nahte, entschwand er den Händen der Gattin.

Jene Schwestern aber, welche die Klippe und den Ort, wo Psyche verlassen wurde, ausgeforscht hatten, kamen eilends und zerweinten sich da die Augen und schlugen die Brüste, bis von ihrem beständigen Geheul die Felsen und Klippen den gleichen Ton widerprallten. Und schon rufen sie die arme Schwester mit ihrem Namen, bis auf den durchdringenden Schall der über die Hänge hinabstürzenden Wimmerstimme Psyche von Sinnen und zitternd aus dem Haus hervorläuft und spricht: «Warum tötet ihr euch umsonst mit elendem Jammern? Ich bin da, die ihr beklagt! Hört auf mit den Klagestimmen und trocknet endlich die von beständigen Tränen triefenden Wangen, da ihr die schon umarmen könnt, die ihr so laut betrauert!»

Dann ruft sie den Zephyr und gemahnt ihn an die Weisungen ihres Gatten. Ohne Verzug gehorcht jener dem Befehl und trägt sie sogleich mit sanftestem Wehen in schadloser Fahrt hinunter. Nun genießen sie sich in gegenseitigen Umschlingungen und eilenden Küssen, und jene schon gestillten Tränen kehren, nach dem Heimkehrrecht, zurück, da sie die Freude hervorlockt. «Aber», sprach sie, «steigt auch zu meinem Dach und Herd heiter herab und erquickt die niedergeschlagenen Seelen mit eurer Psyche!» So gesprochen zeigt sie ihnen die hohen Horte des güldenen Hauses und ihren Ohren das Gesinde-Volk der dienenden Stimmen und erfrischt sie mit schönstem Bad und den Prächten der unmenschlichen Tafel aufs Herrlichste, so daß sie, mit den heranströmenden Mengen der ganz himmlischen Reichtümer gesättigt, schon den Neid in den innersten Geweiden zu weiden begannen. Endlich läßt die eine von ihnen nicht ab, genau und neugierig genug zu forschen, wer der Herr dieser himmlischen Dinge, und wer und was für einer ihr Gatte sei. Dennoch verletzt Psyche jene eheliche Vorschrift auf keine Weise, noch vertreibt sie selbige aus den Geheimkammern ihrer Brust, sondern erdichtet aus der Natur der Sache, es wäre ein schöner Jüngling, das Kinn eben mit wolligem Barte beschattet und meist mit Jagen zu Felde und zu Berge beschäftigt; und damit der geheime Trug durch keinen Lapsus im Fortgang der Rede verraten würde, übergiebt sie den Schwestern, beladen mit geformtem Golde und Zieraten und Kleinodien, dem flugs gerufenen Zephyr zum Zurücktragen.

Sobald dies vollendet war, brennen die heimkehrenden erlesenen Schwestern schon von der Galle des glimmenden Neides und lärmen viel mit wechselseitigen Reden durcheinander. Also spricht endlich die eine:

«O du ohnmächtige und grimmige und mißgünstige Fortuna! Das gefällt dir nun, daß wir, von den gleichen Eltern geboren, ein verschiedenes Los erleiden! Und wir hier, die wir die älteren sind, wir müssen, fremdländischen Gatten als Mägde übergeben, vertrieben von Hause und gar aus dem Vaterland, fern von den Eltern wie Verbannte leben, diese Jüngste aber, welche die letzte Geburt als übersättigende Frucht hervorstieß, soll sich so vieler Schätze und eines Gottes als Gatten bemächtigt haben, sie, die eine so große Menge von Gütern nicht einmal richtig zu brauchen lernte? Du hast gesehn, Schwester, wie viele und was für Juwelen im Hause liegen, was für Gewande da schimmern, was für Zieraten glimmern, und wieviel Gold überdies weit und breit mit Füßen getreten wird. Wenn sie auch noch einen so schönen Gesponsen besitzt, wie sie versichert, so lebt jetzt im ganzen Erdenrund keine glücklichere. Und vielleicht wird mit fortschreitender Gewöhnung und erstarkter Neigung der göttliche Gatte sie noch zur Göttin machen. So beim Herkules ist es, so benahm und so hatte sie sich! Das Weib, das Stimmen zu Mägden hat und den Winden selber befiehlt, das äugt schon nach oben und bläst sich zur Göttin auf. Aber ich Ärmste erloste erstlich einen Gatten, der älter ist als mein Vater, und der ferner kahler ist als ein Kürbis und noch zwergichter als ein Knabe, und der das ganze Haus mit Riegeln und Siegeln bewacht.»

Hebt die andere an: «Ich aber habe auch einen mit Gicht geschlagenen und gekrümmten und deswegen meines Liebreizes sehr selten pflegenden Gemahl zu ertragen, und indem ich zumeist seine verdrehten und zu Stein verhärteten Finger reibe und mit stinkenden Pflastern und schmierigen Lappen und ekligen Umschlägen diese so zarten Hände verbrenne, habe ich nicht das verdiente Aussehn einer Gattin, sondern die Rolle einer arbeitenden Ärztin zu spielen. Und bei dir, Schwester, scheint es zwar, daß du es mit geduldigem oder vielmehr knechtischem Geiste – um vielleicht frei zu sagen, was ich empfinde – erträgst; ich dagegen kann es nicht länger aushalten, daß ein so glückliches Schicksal an die Unwürdige fiel. Erinnre dich nämlich, wie hoffärtig, wie arrogant sie sich mit uns benahm und durch Vorwerfen ihrer unmäßigen Prahlereien ihren geschwollenen Geist verriet, uns von soviel Reichtümern widerwillig Kleinigkeiten hinwarf und sofort, von unsrer Gegenwart beschwert, uns wegzublasen und weg- zupfeifen befahl. Ich bin kein Weib, und ich atme überhaupt nicht, wenn ich sie nicht von solchen Schätzen zu Boden her- abwerfe. Und wenn auch dir, wie es recht wäre, unsre Schan- de geronnen ist, wollen wir zwei einen kräftigen Plan ausfin- dig machen. Und nun wollen wir diese Geschenke hier weder unseren Eltern noch sonst jemand zeigen, vielmehr über- haupt gar nichts von ihrer Rettung gehört haben. Es ist ge- nug, daß wir selber sahn, was gesehn zu haben uns reut, ge- schweige daß wir unsern Erzeugern und allem Volk eine so glückliche Verkündigung von ihr ausbreiten. Die nämlich sind nicht glücklich, deren Reichtümer niemand kennt. Möge sie wissen, daß sie an uns nicht Mägde, sondern ältere Schwestern hat. Jetzt laß uns zwar zu unsern Gesponsen gehn und unsre armseligen aber durchaus enthaltsamen Laren wiedersehn; dann aber durch langes Nachdenken belehrt und stärker zur Strafe des Hochmuts zurückkehren.»

Wohlgefiel den zwei Bösen der böse Plan, und nachdem sie jene preislichen Geschenke alle versteckt, erneuern sie, ihr Haar raufend, und dann, wie sie verdienten, ihre Gesichter zerreißend, ihr erlogenes Weinen. Und indem sie die Eltern auch mit wieder heftig schwärendem Schmerz erschrecken, eilen sie strotzend vor Raserei wieder zu ihren Häusern und rüsten die verbrecherische List, vielmehr Geschwistermord gegen ihre unschuldige Schwester.

Inzwischen ermahnt Psychen der Gatte, den sie nicht kennt, abermals also mit nächtlichen Reden: «Siehst du nicht, welche Gefahr dir droht? Fortuna plänkelt handfern, und wenn du nicht weit und wacker vorbeugst, wird sie bald handnah mit dir werden. Diese perfiden Wölfinnen rüsten dir mit mächtigen Versuchen ruchlose Nachstellungen, deren höchste ist, daß sie dir raten werden, meine Züge zu erforschen, die du, wie ich dir oft vorhergesagt habe, nicht mehr sehen wirst, wenn du sie gesehen hast. Ergo daher, wenn hiernach diese übelsten Vampirinnen mit schadensüchtigen Seelen bewaffnet kommen – sie werden aber kommen, ich weiß es –, dann habe überhaupt keine Zwiesprache mit ihnen, oder wenigstens, wenn du bei deiner angeborenen Einfalt und Zartheit deines Geistes dies nicht ertragen kannst, höre von ihnen nichts an über deinen Gatten und antworte nichts. Denn schon werden wir unsre Familie fortpflanzen, und dieser noch kindliche Mutterleib trägt uns ein anderes Kind – wenn du unsre Geheimnisse mit Schweigen bedeckst, ein göttliches, ein sterbliches, wenn du sie profanierst.»

Psyche erblühte froh bei der Botschaft und klatschte in die Hände über den Trost des göttlichen Sprosses und gebärdete sich freudig im Ruhm ihres zukünftigen Liebespfandes und war selig über die Würde des Mutter-Namens. Ängstlich zählt sie die wachsenden Tage und die abnehmenden Monde und wundert sich bei dem ersten Anfang des ungewußten

Gepäcks über ein solches Wachstum ihres wohlbegüterten Leibes vom kleinen Pünktlein aus. Jene Seuchen aber, jene allerabscheulichsten Furien schifften bereits, Vipern-Gift ausschnaubend und eilend mit unfrommer Schnelligkeit, zurück. Da ermahnte der zeitweilige Gatte abermals seine Psyche: «Der letzte Tag, und der äußerste Fall, und das feindliche Geschlecht, und das gehässige Blut ergreifen die Waffen schon und brechen das Lager ab, und sie haben die Schlachtreihe geordnet und die Signale erschallen lassen; schon streben gezückten Degens deine ruchlosen Schwestern nach deiner Kehle. Wehe, von welchen Unsalen werden wir, süßeste Psyche, bedrängt! Erbarme dich deiner und unsrer und befreie mit heiliger Maßhaltung das Haus, den Gatten und dich und dies unser Kindlein von der Züchtigung drohenden Unterganges! Diese verbrecherischen Weiber, die du nach dem mörderlichen Haß und mit Füßen getretenen Blutsbanden Schwestern nicht nennen darfst: höre sie weder, noch erblicke sie, wenn sie nach Art der Sirenen auf der Klippe ragend, mit grabgeschwängerten Stimmen die Felsen durchschallen.»

Hebt Psyche an, mit tränendem Schluchzen ihre Stimme verunsichernd: «Schon neulich, soviel ich weiß, hast du die Beweise meiner Treue und Wortsparsamkeit abwiegen können, und nicht minder wird sich dir jetzt auch die Festigkeit meines Sinnes bewähren. Du weise nur unsern Zephyr wiederum an, daß er Folge leistet, und gib mir an Stelle deines verweigerten hochheiligen Bildnisses wenigstens den Anblick der Schwestern. Bei diesen deinen zimtenen und überall hängenden Haaren, bei den zarten und geglätteten, den meinen ähnlichen Wangen, bei dieser von ich weiß nicht welcher Wärme glühenden Brust, bei diesem Kindlein, in dem ich

27

wenigstens dein Antlitz erkennen werde: gestatte, von den frommen Bitten der angstvoll Flehenden bewegt, ihr den Genuß der schwesterlichen Umarmung und belebe die Seele der dir ergebenen Psyche durch Freude! Nicht frage ich weiter nach deinen Mienen, und nicht sind mir die nächtlichen Finsternisse mehr beschwerlich: ich halte ja dich, mein Licht!»

Von diesen Worten und weichen Umwindungen bezaubert, trocknet der Gatte ihre Tränen mit seinem Haar und gelobt, er würde es tun, und kommt flugs dem Licht des wachsenden Tages zuvor.

Die anverlobte Faktion des Schwestern-Paares sucht, ohne auch nur von den Eltern gesehen zu sein, geradeswegs vom Schiffe die Riffe auf und springt mit sich überstürzender Schnelle, ohne die Anwesenheit des tragenden Windes zu erwarten, und mit ungezügelter Unbedachtsamkeit in die Tiefe. Doch nicht uneingedenk des königlichen Edikts, gab Zephyr, obwohl unwillig, die im Schoß seines atmenden Hauches Empfangenen dem Boden wieder. Sie aber dringen, ohne zu zögern, gemeinsamen Schrittes stracks in das Haus ein, umarmen ihre Beute, den Namen Schwestern sich anlügend, und indem sie den ganz verborgenen Hort ihrer Ränke mit froher Miene bedecken, schmeicheln sie ihr also:

«Psyche, nicht so wie früher bist du ein Kindlein, sondern bist selber schon Mutter. Wieviel Gut, glaubst du, trägst du in diesem Ränzlein da? Mit wie großen Freuden wirst du all unser Haus erheitern? Oh über uns Glückliche, die von der Erziehung eines goldenen Kindes erfreut werden! Wenn es, wie es sich gehört, der Schönheit der Eltern entspricht, wird durchaus ein Cupido geboren.»

Also mit erheuchelter Zuneigung dringen sie allmählich in

die Seele der Schwester. Die erquickt sie nach der Ermüdung
des Weges sogleich mit Sitzen und pflegt sie mit den damp-
fenden Quellen der Bäder und ergötzt sie aufs Schönste im
Speisesaal mit jenen wunderbaren Speisen und Rouladen. Sie
befiehlt der Cithara zu sprechen: es wird gespielt; die Flöten
zu blasen: es wird getönt; Chöre zu singen: es wird gesungen.
Alldies bei niemandes Anwesenheit schmeichelte den Sinnen
der Hörenden mit süßesten Melodien. Dennoch ruhte die
Nichtswürdigkeit der ruchlosen Weiber nicht, auch nicht
von der Honig-Süße des Sanges erweicht, sondern sie fügen
ihre Rede zu dem beschlossenen Sprenkel der Ränke und beginnen sich insgeheim zu erkundigen, wer ihr Gatte ist und
von welcher Geburt. Da richtet jene, die in zu großer Einfalt
ihre frühere Rede vergaß, eine neue Erdichtung her und sagt,
daß ihr Mann aus der nächsten Provinz mit großen Geldern
Geschäfte betreibe und schon den mittleren Lauf des Alters
halte, schon gesprenkelt mit seltenem Silberhaar. Und bei
dieser Rede nicht soviel sich aufhaltend, gab sie sie wieder mit
üppigen Geschenken beladen dem windigen Vehikel.
Aber dieweil sie, vom ruhigen Hauche Zephyrs erhoben, nach
Hause kehren, wechseln sie diese Rede mitsammen: «Was
sagen wir, Schwester, zu dieser monströsen Lügerei dieser
Wahrsagerin? Damals ein Jüngling, der nur einen Bart von
blühendem Flaum stehen ließ, ist er jetzt in mittlerem Alter
und leuchtet von schimmerndem Silberhaar. Wer ist er, den
eine mäßige Spanne Zeit mit plötzlicher Greisheit verunstal-
tet? Du wirst sehn, meine Schwester, daß dies üble Weib ent-
weder Lügen erdichtet oder die Gestalt ihres Gatten nicht
kennt; was von beidem auch wahr sein mag, von diesen
Schätzen muß sie baldigst verjagt werden. Wenn sie die Ge-

stalt ihres Mannes nicht kennt, so hat sie in der Tat einen Gott geehlicht und trägt uns einen Gott mit dieser Schwangerschaft. Sicherlich: wenn sie – was ferne sei – sich je eines göttlichen Knaben Mutter nennt, erhäng ich mich stracks mit einem verknüpften Strick. Also laß uns dieweil zu unsern Eltern zurückgehn und später an den Anfang ihrer Lügen-Erzählung möglichst gleichfarbige Fabeln weben.»

So entflammt, ihre Eltern unachtsam grüßend und bei Nacht von Wachen gestört, fliegen die Heillosen in der Frühe wieder zur Klippe und von dort mit dem gewohnten Mittel des Windes heftig hinab; und unter Tränen, die sie durch Reiben ihrer Lider erzwangen, grüßen sie das Mädchen mit dieser List:

«Du zwar sitzest hier glücklich, ja glücklich selbst durch die Unkenntnis eines so großen Übels und unbekümmert um deine Gefahr; wir aber, die wir mit immer wachsamer Sorge auf deine Dinge bedacht sind, werden elend von deinem Unheil gekreuzigt. Für wahr haben wir nämlich erfahren, und können als Gefährtinnen deines Schmerzes und deines Falles es dir natürlich nicht verheimlichen, daß eine ungeheure Schlange, in vielknotigen Windungen herankriechend, den Hals blutfarben von schädlichem Gift und klaffend mit abgründigen Schlunden, heimlich mit dir in den Nächten schläft. Erinnre dich jetzt des pythischen Spruchs, welcher ausrief, daß du zur Ehe mit einer grimmigen Bestie bestimmt seist. Und viele Pächter und solche, die in der Umgebung jagen, und sehr viele Umwohner, haben sie abends von der Weide zurückkommen sehn und in den Furten des nächsten Flusses schwimmen. Nicht lange werde sie dich durch die schmeichelnde Willfährigkeit der Ernährung mästen, versichern alle, sondern sobald in deinem vollen Leib die Schwangerschaft reifte, dich mit fetterer Frucht Begabte verschlingen. Bei dir ist nun die Entscheidung, ob du den für dein teures Heil beunruhigten Schwestern beistimmen willst und nach Abwendung des Todes sicher vor Gefahr mit uns leben, oder begraben werden in den Gedärmen der wilden Bestie. Wenn dir aber die stimmenreiche Einsamkeit dieses Landes oder die gefährlichen und ekligen Begattungen der heimlichen Liebe und die Umschlingungen der giftigen Viper ergötzlich sind, so haben wir frommen Schwestern wenigstens das unsre getan.»

Da wird die elende Psyche, einfältig nämlich und sinnes-zart, von dem Grausen so trauriger Worte hinweggerissen: über die Grenze ihres Verstandes hinausgestoßen, schüttet sie durchaus das Gedächtnis aller Ermahnungen ihres Gatten und der eignen Versprechungen aus und stürzt sich in den Abgrund ihres Unglücks; und mit blutloser Leichenfarbe und halb ächzender Stimme gestammelte Worte verlautend, spricht sie also zu jenen:

«Ihr freilich, teuerste Schwestern, bleibet, wie es billig war, in der Pflicht eurer frommen Liebe, und wahrhaftig scheinen auch jene, die euch solches versichert haben, mir keine Lüge zu erdichten. Denn ich habe niemals die Gestalt meines Mannes gesehn oder überhaupt erfahren, welches Stammes er ist, sondern nur auf nächtliche Stimmen hörend, ertrage ich einen Gatten von ungewisser Statur und durchaus lichtflüchtig; und ich stimme euch billig zu, die ihr mit Recht sagt, daß es ein Untier ist. Auch schreckt er mich immer sehr von seinem Anblick ab und droht mir ein großes Übel aus der Neugier nach seinen Zügen. Und nun, wenn ihr eurer gefährdeten

Schwester heilsame Hilfe bringen könnt, so steh mir jetzt bei; sonst würde eure spätere Nachlässigkeit die Wohltaten der früheren Vorsicht zerstören.»

Da die verbrecherischen Weiber nun bei offenen Toren das entblößte Herz ihrer Schwester erreicht haben, geben sie die Schlupfwinkel ihres verdeckten Anschlages auf und dringen mit gezückten Schwertern der Ränke in die furchtsamen Gedanken des einfältigen Mädchens. So spricht am Ende die eine: «Da das Band unsers gemeinsamen Ursprungs bewirkt, daß wir für deine Unversehrtheit nicht die geringste Gefahr vor Augen haben, werden wir dir den Weg, über den allein die Reise zum Heile führt, den lang und lange bedachten zeigen. Ein vorne spitziges Messerlein, das durch Abziehen auf einer sänftlichen Handfläche noch gewetzt ist, verbirg insgeheim auf der Seite des Lagers, wo du zu schlafen pflegst; und eine geeignete Lampe, gefüllt mit Öl und helles Licht schimmernd, verbirg unter der Bedeckung eines fest schließenden Töpfleins, und diese ganze Zurichtung halte auf das Dichteste geheim; wenn dann die Schlange, ihren furchenden Wandel ziehend, das gewohnte Lager bestiegen hat und schon ausgestreckt und vom Beginn des lastenden Schlummers umschlungen im tiefen Schlafe zu blasen begonnen hat, gleite vom Lager, und mit nackten Füßen den schwebenden Schritt allgemach mindernd, befreie die Lampe von der Hut blinder Finsternis, borge vom Rat ihres Lichts die Gelegenheit zu deiner herrlichen Tat, und die Rechte kühn mit der zweischneidigen Waffe hebend, durchschneide mit stärkstem Schwung den Knoten der schädlichen Schlange zwischen Hals und Kopf. Doch unsre Hilfe wird dir nicht fehlen – sondern sobald du dir zum Heil jenes Todes verholfen, werden wir in Besorgnis bereitstehn; und nachdem wir mit diesen Händen alle Horte mit dir zusammen fortgeschafft haben, verbinden wir dich, den Menschen, zur erwünschten Eh' einem Menschen.»

Sie verlassen darauf das von der Glut der Worte entflammte, schon ganz und gar brennende Herz der Schwester gerades-wegs, da sie am Rande eines so großen Übels aufs Äußerste für sich fürchten; und mit dem gewohnten Antrieb des beflügel-ten Wehens zu der Klippe emporgefahren, stürzen sie flugs in hurtiger Flucht davon, besteigen sogleich ihre Schiffe und fahren ab.

Psyche aber, allein gelassen, soweit sie von den feindlichen Furien getrieben allein sein mochte, flutete im Braus ihres Kummers ähnlich der See; und obgleich der Plan festgesetzt war und ihr Sinn verhärtet, schwankte sie, die Hände zur Tat hin bewegend, doch noch ungewiß ihres Willens und wird von den vielen Affekten ihres Unglücks hin und wider ge-zerrt. Sie eilt, schiebt auf, wagt – verzagt, mißtraut – erzürnt, und was das Äußerste ist: im selben Körper haßt sie die Bestie, liebt den Gemahl. Dennoch richtet sie, als schon der Abend die Nacht heranzieht, mit überstürzter Eile den Apparat ihrer ruchlosen Untat her. Die Nacht war da und der Gatte ge-kommen, und nachdem er zuerst die Kämpfe der Venus ge-kämpft, war er in tiefen Schlaf gesunken. Psyche jetzt, sonst kraftlos an Leib und Geist, erstarkt dennoch an Kräften, da das grimme Geschick ihr zur Hand geht, und – die Lampe hervorgeholt und das Messer ergriffen – verwandelt sie ihr Geschlecht durch Kühnheit. Aber sobald vom Nahen des Lichts die Geheimnisse des Pfühls sich erhellten, erblickt sie das von allen Bestien mildeste und süßeste Untier, Cupido selbst, schön daliegend den schönen Gott, bei dessen Anblick sogar das Licht der Lampe erheitert wuchs und das Messerlein seine sakrilegische Spitze bereute. Aber Psyche dagegen, von solchem Anblick entsetzt und ohnmächtigen Geistes, zitternd und schwach in entnervter Blässe, sinkt in die tiefsten Knie und sucht das Eisen zu bergen, aber in ihrer Brust. Dies hätte sie wahrhaftig getan, wenn nicht das Eisen aus Furcht vor solcher Untat ihren verwegenen Händen entglitten und weggeflogen wäre. Und schon erschöpft, da das Heil sie verlassen, beschaut sie wieder die Schöne der göttlichen Mienen, und es belebt sich ihr Geist. Sie sieht das wonnevolle Haar des goldenen Hauptes, von ambrosischem Rausche duftend, sieht den milchweißen Nacken und die purpurnen Wangen, umschweift von zierlich verwickelten Locken, deren etliche vorn, die andern zurückhangen, und von deren allzu blendendem Glanz sogar das Licht der Lampe schon wankte; rosige Schwingen an den Schultern des beflügelten Gottes glänzen blumenweiß, und obgleich die Fittiche ruhn, hüpfen und springen die zarten und lieblichen äußersten Federlein unruhig zitternd; den ganzen glatten und glänzenden Leib geboren zu haben, würde Venus nicht reuen. Zu Füßen des Bettleins lagen Bogen und Köcher und Pfeile, des so großen Gottes gnädige Waffen. Da Psyche mit unersättlichem Sinn, auch neugierig genug, diese untersucht und betastet und die Geschosse ihres Gatten bewundert, nimmt sie einen Pfeil aus dem Köcher; und an einem Punkt ihres Daumens die äußerste Spitze versuchend, stieß sie mit einem stärkeren Druck des immer noch bebenden Fingers sie tief hinein, so daß kleine Tröpflein rosigen Blutes von der höchsten Kuppe herabtauten. So fiel die unwissende Psyche freiwillig in die Liebe zum

Liebesgott. Und jetzt mehr und mehr von Begier zu Cupido entbrennend, über ihn gebeugt und zum Sterben lechzend, drückt sie ihm eilends offne und neckische Küsse auf, fürchtet sich aber, das Maß seines Schlafes zu überschreiten. Dieweil sie jedoch von solchem Schatz aufgeregt und geschwächten Sinnes entflutet, da muß jene Lampe, sei es aus übelster Perfidie, oder aus schädlichem Neide, oder ob sie einen solchen Körper zu berühren und gleichsam selber zu küssen trachtete, aus der Masse des Lichts einen Tropfen glühenden Öles über die rechte Schulter des Gottes speien. Ha du freche und verwegene Lampe, du schlimmer Diener der Liebe, der du den Gott des ganzen Feuers selbst anbrennst, zumal doch ein Liebender, versteht sich, um auch bei Nacht der Begehrten sich länger bemächtigen zu können, zuerst dich erfand! Und also verbrannt, springt der Gott empor, und da er den Wirrwarr der verratenen Treue gewahrt, fliegt er schweigend sogleich aus den Küssen und Händen der unglücklichen Gattin. Psyche aber, die flugs mit beiden Händen das rechte Bein des sich Hebenden ergriff, ein klägliches Anhängsel der erhabenen Auffahrt, unterste Begleiterin des durch Wolken-Regionen schwebenden Geleiters, glitt endlich erschöpft zu Boden. Doch der Gott-Liebhaber flog, die am Boden Liegende nicht verlassend, auf die nächste Zypresse und sprach von ihrem hohen Wipfel schwer bewegt also zu ihr:
«Ich freilich, o du einfältige Psyche, ich bin, uneingedenk der Vorschriften meiner Mutter Venus, die befahl, dich von Begierde zu einem elenden und äußersten Menschen fesseln zu lassen und dem niedrigsten Ehebündnis dich zuzusprechen, lieber selbst dir als Liebhaber zugeflogen. Dies aber habe ich leichtsinnig getan, ich weiß es, daß ich, der vortreffliche Pfeil-

schütze, selber mich mit meinem Geschoß durchbohrt und dich zu meiner Gattin gemacht habe, also daß ich – man denke – dir ein Untier schien und du mit Eisen meinen Kopf abschneiden wolltest, der deine Liebhaber, diese Augen trägt. Vor diesem allezeit auf der Hut zu sein, habe ich wiederholt geäußert, an dies dich wohlwollend immer wieder gemahnt. Aber sie, deine erlesenen Ratgeberinnen, werden mir sogleich die Strafe für ihre verderbliche Lehre zahlen; dich aber werde ich nur mit meiner Flucht strafen.» Und mit dem Ende der Rede stürzt er sich mit Fittichen in die Höhe.

Psyche aber, zu Boden gestreckt und soweit sie zu sehen vermochte den Flügen ihres Gatten nachschauend, zergrämte mit äußersten Klagen ihren Geist. Aber sobald durch das Ruderwerk der Flügel die Dehnung des Raumes den entrissenen Gatten ihr entfremdet hatte, stürzt sie sich köpflings über den Ranft des nächsten Flusses. Der milde Fluß aber legte sie – zu Ehren des Gottes versteht sich, der die Wasser selbst zu verbrennen pflegte –, für sich fürchtend, sogleich mit unschädlicher Woge über das blühende Ufer ins Kraut. Da saß zufällig Pan, der ländliche Gott, auf einer Anhöhe am Fluß, Echo im Arm haltend, die Berges-Göttin, und sie lehrend, allerlei Stimmlein widerzutönen; nächst dem Ufer sprangen beim schweifenden Weiden die das Gras des Flusses rupfenden Ziegen. Der bockartige Gott rief die verwundete und erschöpfte Psyche, nicht unkundig ihres Falles, freundlich zu sich und streichelt sie so mit sänftigenden Worten:

«Artiges Mädchen, ich bin zwar ein Bauer und Ziegenhirt, aber durch die Wohltat des langen Greisentums mit vielen Erfahrungen belehrt. Wahrhaftig, wenn ich richtig schließe – was kluge Männer Ahnungsvermögen nennen – aus diesem

wankenden und öfters taumelnden Schritt und aus der zu
großen Blässe deines Leibes und dem beständigen Seufzen, ja
sogar aus deinen trauernden Augen selbst: so leidest du an zuvieler Liebe. Darum höre auf mich und töte dich nicht wieder
mit einem jählichen oder einer andern Art herbeigerufenen
Todes. Laß ab mit Klagen und lege die Trauer ab und pflege
lieber mit Gebeten Cupido, den größten der Götter, und da er
ja ein zarter und üppiger Jüngling ist, verdiene ihn dir mit
schmeichelnden Diensten.»
Nachdem der Hirten-Gott so gesprochen und sie kein Wort
erwidert, sondern nur die heilbringende Gottheit verehrt
hatte, bricht Psyche auf, um zu gehn. Als sie aber mit mühsa-
mem Schritt viel Weges irgendwie durchirrt hatte, nahte sie,
ich weiß nicht auf welchem Richtweg, da schon der Tag sich
neigte, einer Stadt, worin der Gatte der einen Schwester die
Herrschaft hatte. Dies erfahren, begehrt Psyche, daß ihre Anwesenheit der Schwester gemeldet werde; gleich wird sie hin-
eingeführt, und nachdem die wechselnden Umarmungen der
gegenseitigen Begrüßung vollführt sind, beginnt sie zu der
nach dem Grund ihrer Ankunft fragenden Schwester folgen-
dermaßen:
«Du erinnerst dich eures Plans, in dem ihr mir ja rietet, daß
ich das Untier, das unter dem erlogenen Namen eines Gatten
mit mir schlief, bevor es mit gefräßigem Schlunde mich Arme
verschlänge, mit dem zweischneidigen Messerlein umbräch-
te. Aber sobald ich, wie es uns richtig dünkte, unter Mitwis-
serschaft des Lichtes seine Züge erblickte, seh ich das ganz
wunderbare und göttliche Schauspiel, jenen Sohn selber der
Göttin Venus, selber, sag ich, Cupido, in sanfter Ruhe ent-
schlafen. Aber während ich aufgeregt von der Schau eines so

37

großen Gutes und von zu großer Menge der Wonne verwirrt, an dem Mangel ihn zu genießen leide, sprüht, durch den häßlichsten Zufall natürlich, die Lampe auf seine Schulter glühendes Öl. Von diesem Schmerz sogleich aus dem Schlaf gestoßen und mich erblickend mit Feuer und Eisen bewaffnet, spricht er: «Du zwar wende dich ob dieser harten Tat stracks von meinem Lager und habe bei dir deinen Vorteil; ich aber werde deine Schwester – und er sprach den Namen, mit dem du genannt wirst – stracks in höchst legitimster Ehe zur Frau nehmen.› Und sogleich wies er den Zephyr an, er möge mich über die Grenze seines Hauses hinausblasen.»

Noch hatte Psyche die Rede nicht beendet, da steigt jene, von den Stacheln der rasenden Gier und des schädlichen Neides getrieben, ihren Gatten mit einer verschmitzt hergerichteten Lüge täuschend – als ob sie vom Tode ihrer Eltern etwas erfahren hätte –, sogleich zu Schiff und bricht gradeswegs zu der Klippe auf; und obgleich ein ganz andrer Wind wehte, sagt sie dennoch lechzend von blinder Hoffnung: «Empfange mich, Cupido, deine würdige Gattin, und du, Zephyr, nimm deine Herrin auf!» und stürzt sich mit dem größten Sprunge kopfüber. Dennoch konnte sie an jenen Ort nicht einmal als Tote gelangen. Denn nachdem ihre Glieder über die Felsen und Riffe geworfen waren, kam sie um und gewährte danach, wie sie es verdiente, mit ihren zerrissenen Geweiden den Vögeln und Bestien ein im Weg liegendes Futter.

Doch die rächende Strafe der zweiten Schwester zögerte nicht. Denn Psyche gelangte mit irrenden Schritten wiederum zu einer anderen Stadt, wo die andere Schwester der ersten gleich weilte. Und nicht minder durch die Täuschung der leiblichen Schwester verleitet und in Nachahmung der verbrecherischen Ehe der andern, eilte sie zu jener Klippe und fiel dort in das gleiche Verderben des Todes.

Dieweil nun Psyche auf gespannter Suche nach Cupido bei den Völkern umherirrte, lag dieser, den Schmerz von der Wunde der Lampe leidend und seufzend in der Behausung seiner fern weilenden Mutter. Da tauchte jener schneeweiße Vogel Möwe, der mit Schwingen über dem Schwalle der Wasser schwimmt, eilig in den abgründigen Schoß des Ozeanus hinunter. Dort bei der badenden und schwimmenden Venus sich gemach niederlassend, zeigt er ihr an, daß ihr verbrannter Sohn, trauernd vom Schmerz seiner schweren Schwäre, an Rettung zweifelnd daliege, und daß bereits die ganze Familie der Venus durch Rumoren und Lästern im Mund aller Völker übel beleumundet sei, «weil», sprach er, «er zur Hurerei im Gebirge, du aber zum Schwimmen im Meer euch hinwegbegeben habt und es deswegen keine Wonne mehr, kein Wohlgefallen und keine Anmut mehr gibt, sondern alles roh ist und wild-wüchsig und scheußlich, und es kein Ehebündnis mehr gibt, noch Freundschafts-Bünde, noch Liebe der Kinder, sondern nur einen enormen Morast und widrigen Ekel schmutziger Verbindungen.» Dies gackerte jener wortreiche und denunziatorische Vogel in die Ohren der Venus, den Ruf ihres Sohnes zerfetzend. Venus aber ruft, erzürnt über das Ganze plötzlich aus: «Also hat dieser mein guter Sohn schon eine Freundin? Wohlan du, der du allein mir liebevoll dienst, offenbare mir ihren Namen, die den schwachen und bartlosen Knaben verführt hat, sei es eine vom Nymphen-Volk oder aus der Zahl der Horen oder vom Musen-Chor oder aus dem Dienst meiner Grazien.» Der geschwätzige Vogel verstummte nicht, sondern: «Ich weiß nicht», sagte er, «Herrin – ich glaube, ein Mädchen –, wenn ich mich recht erinnere, wird sie Psyche genannt – begehrt er zum Sterben.»

Da schrie die entrüstete Venus so laut sie konnte: «Psyche – wenn er diese Nebenbuhlerin meiner Gestalt, diese Nachahmerin meines Namens wirklich liebt, so hat dies mein Gewächs mich wahrhaftig für eine Kupplerin gehalten, da er durch mein Zeigen das Mädchen kennenlernte!»

Dieses kreischend, taucht sie schleunig empor aus dem Meer und sucht gradeswegs ihre güldne Behausung auf; und nachdem sie ihren, wie sie gehört hatte, erkrankten Knaben gefunden, gellte sie schon äußerst laut von den Toren aus: «Das ist», sprach sie, «eine würdige Harmonie mit meiner Familie und deiner Artigkeit, daß du zuerst die Vorschriften deiner Mutter, vielmehr Herrin, mit Füßen trittst und meine Feindin nicht mit schmutziger Liebschaft marterst, sondern sogar – ein Knabe in solchem Alter – mit deinen ausgelassenen und unreifen Umarmungen Beischlaf hältst, so daß ich die Feindin womöglich als Schwiegertochter ertragen muß. Aber bilde dir nur ein, du Maulheld und Verderber und Unliebenswürdiger, daß du der einzige Prinz bist, und daß ich wegen meines Alters nicht mehr empfangen kann! Da magst du wissen, daß ich einen viel bessern Sohn als du bist gebären werde oder vielmehr, damit du noch mehr deine Schande spürst, einen von meinen Haussklaven adoptieren und ihm diese Flügel und Flammen und den Bogen und sogar die Pfeile und die ganze Ausrüstung schenken werde, die ich dir zu diesem Gebrauch nicht gegeben habe; denn vom Gut deines Vaters ist dir zu dieser Ausstattung nichts beigesteuert. Aber du bist von erster Jugend mißraten und hast spitzige Finger und hast

deine Eltern unehrerbietig so oft geknufft und deine Mutter,
mich sag ich selber, du Muttermörder, jeden Tag bloßgestellt
und öfters durchbohrt, und du verachtest sie wie eine arme
Witwe und fürchtest deinen Stiefvater Mars, den stärksten
und größten Krieger, durchaus nicht. Und wie auch? Da du
zu meinem Verdruß ihm des öfteren Mädchen zum Konku-
binat zu verschaffen pflegst. Aber schon werde ich dich diese
Spiele bereuen machen und diese Ehe als scharf und bitter
empfinden! – Aber jetzt, was tu ich Verspottete? Wohin be-
gebe ich mich? Auf welche Weise bändige ich diesen Sala-
mander? Erbitte ich Hilfe von meiner Feindin, der Nüch-
ternheit, die ich wegen ihrer Üppigkeit öfters beleidigt habe?
Aber vor der Unterhaltung mit dem bäurischen und schmutz-
starrenden Weibe schaudert's mich durch und durch. Dennoch ist Rache-Trost, woher er auch komme, nicht zu ver-
achten. Sie muß durchaus hinzugezogen werden und keine
andre, damit sie diesen Buhler aufs bitterste züchtigt, ihm den
Köcher ab- und die Pfeile wegnimmt, vom Bogen die Sehne
löst und von der Fackel die Flamme, ja sogar seinen Körper
mit schärferen Mitteln zügelt. Dann werde ich meiner Unbill
geopfert glauben, wenn sie seine Haare, über die ich mit
diesen meinen Händen erst unlängst ein güldenes Glänzen
streifte, geschoren und die Flügel, die ich in meinem Schoß
aus der Nektarquelle benetzte, gestutzt haben wird.»
So gesprochen, stürzt sie zum Tore hinaus, feindlich und voll
Unmut in ihrer Venus-Galle. Gleich aber trifft sie Ceres und
Juno; da diese sie mit geschwollener Miene sehn, fragen sie,
warum sie mit trotziger Braue die so große Anmut ihrer
schimmernden Augen dämpfe. Aber jene: «Gelegen», sprach
sie, «kommt ihr dieser meiner ganz glühenden Brust, die ihr

meinen Willen ja wohl vollführen werdet. Sucht mir doch bitte mit all euren Kräften jene flüchtige und beflügelte Psyche, denn euch sind gewiß die schönen Mären von meiner Familie und die Taten meines nicht zu sagenden Sohnes nicht verborgen geblieben.»

Da heben jene, nicht unkundig des Geschehenen, dem wütenden Zorn der Venus also zu schmeicheln an: «Was hat denn, Herrin, dein Sohn begangen, daß du hartnäckigen Sinnes seine Vergnügungen bekämpfest und die, welche er liebt, zu vertilgen trachtest? Was aber, bitte, ist's für ein Verbrechen, wenn er einem anmutigen Mädchen gern zulacht? Oder weißt du nicht, daß er männlichen Geschlechts und ein Jüngling ist, oder hast du gar vergessen, wieviel Jahre er schon alt ist? Oder scheint er dir, weil er sein Alter so hübsch trägt, noch immer ein Knabe? Aber du, seine Mutter und außerdem eine verständige Frau, wirst du die Spiele deines Sohnes immer neugierig ausforschen, seinen Mutwillen mißbilligen und seine Liebschaften niederschlagen und deine Künste, deine Entzückungen an dem schönen Sohn tadeln? Wer aber der Götter, wer der Menschen wird leiden, daß du weit und breit die Begierden unter die Völker säest, wenn du deine Angehörigen hinderst, ihre Lieben zu lieben, und die öffentliche Werkstatt der weiblichen Laster schließest?»

So schmeichelten jene, aus Furcht vor den Pfeilen, mit dankbarer Verteidigung dem obgleich abwesenden Cupido. Venus aber, entrüstet, daß die ihr geschehenen Ungerechtigkeiten lächerlich behandelt wurden, ergreift, nachdem jene sich zur anderen Seite gewendet, mit beschleunigtem Schritte den Weg zum Meer.

Unterweil war Psyche, auf verschiedenen Wanderungen

umhergeworfen, Tag und Nacht auf gespannter Suche nach ihrem Gespons, und um so unruhvolleren Geistes sie war, desto begieriger, den Erzürnten, wo nicht durch die Liebkosungen der Gattin, so doch wenigstens durch die Bitten einer Sklavin zu begütigen. Und da sie nun auf dem Scheitel eines hohen Bergs einen Tempel sieht, spricht sie: «Wüßte ich nur, ob dort mein Herr verweilt?» Und auf der Stelle lenkt sie den beschleunigten Schritt dorthin, und Hoffnung und Verlangen stacheln den von beständigen Mühen ganz ermatteten an. Und nachdem sie emsig über den hohen Gebirgskamm gewandert ist, begibt sie sich schon zu den Götterpolstern hinein. Sie sieht Weizen-Ähren auf einem Haufen und andre zum Kranze gewunden und Ähren von Gerste. Es waren auch Sicheln da und alles Gerät der Erntearbeit, aber alles lag weit und breit nachlässig durcheinander geworfen, wie es in der Sommer-Hitze zu geschehen pflegt von den Händen der Schnitter. Psyche sondert jegliches sorgsam und legt es getrennt und ordnet es richtig, in dem Glauben versteht sich, daß sie keines Gottes Tempel und Bräuche vernachlässigen dürfe, sondern das wohlwollende Mitleid aller zusammenzubetteln habe.

Da sie dies angelegentlich und rührig besorgt, findet die nährende Ceres sie und ruft gleich laut aus: «Ist's möglich, Psyche, beklagenswerte? Durch das ganze Erdenrund sucht Venus mit verdrießlichem Forschen und wütenden Muts deine Spur und verlangt nach dir zur äußersten Bestrafung und fordert die Rache an dir mit allen Kräften ihrer Göttlichkeit: du aber trägst jetzt Sorge für meine Sachen und denkst an etwas anderes als dein Heil?»

Da wälzt sich Psyche vor ihre Füße, und mit reichlichem

Weinen die Stapfen der Göttin benetzend und den Boden mit ihren Haaren fegend, erbittet sie mit vielfältigem Flehen Gnade: «Bei dieser deiner fruchtspendenden Rechten bitte ich dich, bei den freudigen Bräuchen der Ernten, bei den verschwiegenen Geheimnissen der Truhen, bei dem mit deinen Dienern, den Schlangen, beflügelten Wagen, bei den Furchen der sizilischen Scholle, bei dem räuberischen Wagen des Hades, bei der festhaltenden Erde, bei dem Abstieg Proserpinas zur lichtlosen Hochzeit und dem Wiederaufstieg der Tochter zur lichtvollen Wiederfindung, bei allem Übrigen, das deine heilige Wohnung im attischen Eleusis mit Schweigen bedeckt: stehe bei der beklagenswerten Seele Psychens, die dich demütig bittet! Dulde, daß ich nur wenige Tage mich zwischen den Haufen der Ähren verberge, bis der wütende Zorn der großen Göttin durch den Raum der Zeit sich mildert oder wenigstens meine, von langer Mühe ermüdeten Kräfte durch die Unterbrechung der Ruhe erquickt werden.»

Hebt Ceres an: «Von deinem betränten Bitten werde ich zwar bewegt und wünsche dir beizustehn; aber die Ungunst meiner Blutsverwandten, mit der ich auch einen alten Freundschafts-Bund pflege, kann ich nicht auf mich nehmen. Weiche daher sogleich aus meinem Gebäude und sei ganz zufrieden, daß du nicht von mir zurückbehalten und bewacht wirst.»

Wider ihre Hoffnung zurückgetrieben und niedergeschlagen von doppelter Trauer, wandert Psyche den Weg zurück und erblickt in einem dämmrigen Hain des unten liegenden Tals ein mit geschickten Künsten erbautes Heiligtum; und um keinen, wenn auch zweifelhaften Weg besserer Hoffnung zu verlieren, sondern die Gnade eines jeden Gottes anzugehn, nähert sie sich den geheiligten Toren. Sie sieht preisliche Geschenke und mit goldenen Lettern gezeichnete Kleider an die Zweige von Bäumen und an Pfosten geheftet, die mit dem Dank für Wohltaten den Namen der Göttin, der sie geweiht waren, bezeugten. Da umfaßt sie, auf die Knie gebeugt und zuvor ihre Tränen trocknend, mit ihren Händen den noch warmen Altar und fleht also:

«Schwester und Gattin des großen Jupiter: sei es, daß du in Samos, das allein durch deine Geburt und erstes Wimmern und deine Ernährung verherrlicht wird, dich in den alten Tempeln befindest; sei es, daß du die glücklichen Sitze des hohen Carthago besuchst, das dich als Jungfrau verehrt, gen Himmel fahrend mit dem Löwen-Gespann; sei es, daß du an den Ufern des Inachus die weitberühmten Mauern von Argos beschirmst, das dich als schon vom Donnerer Geehlichte und Königin der Göttinnen nennt: du, die der gesamte Osten als Ehestifterin verehrt und der gesamte Westen Lichtspenderin nennt: sei Juno *Erretterin* meinem äußersten Fall und befreie mich von solchen Leiden und Mühen Erschöpfte von der Furcht der drohenden Gefahr! Soviel ich weiß, pflegst du der gefährdeten Schwangerschaft freiwillig beizustehn.»

Der solchermaßen Flehenden stellt sich Juno sogleich in der erhabenen Würde ihrer ganzen Göttlichkeit dar und: «Wie gern wollte ich», sprach sie, «meiner Treu, meine Befehle deinen Gebeten anpassen! Aber gegen den Willen der Venus, meiner Schwiegertochter, die ich immer an Tochter-Stelle geliebt habe, läßt mich die Scham dir nicht förderlich sein. Sodann werde ich auch durch die Gesetze verhindert, welche verbieten, daß flüchtige fremde Sklaven wider den Willen ihrer Herren aufgenommen werden.»

Entsetzt auch von diesem Schiffbruch des Glücks, legt Psyche, da sie ihren beflügelten Gatten nicht entdecken kann, alle Hoffnung auf Rettung ab und berät sich also mit ihren Gedanken: «Welch andre Hilfe für meine Mühsale kann ich nun noch versuchen oder anwenden, ich, der nicht einmal die Zustimmung der Göttinnen, so willens sie waren, nützen konnte? Eingeschlossen in solche Schlingen, wohin dehne ich wiederum meinen Schritt aus, und unter welchen Dächern oder auch Dunkelheiten verborgen, entfliehe ich den unausweichlichen Augen der großen Venus? Warum also, Psyche, nimmst du nicht endlich männlichen Sinn an und entsagst mutig dem vergeblichen Hoffnungs-Schimmerlein und übergibst dich freiwillig deiner Herrin und besänftigst ihr wütendes Ungestüm mit wenn auch später Gefügigkeit? Und wer weiß, ob du nicht, den du lange suchst, dort im Hause der Mutter findest?» Also zur zweifelhaften Willfährigkeit, vielmehr zum gewissen Untergang vorbereitet, dachte sie bei sich nach über den Anfang der bevorstehenden Beschwörung.

Venus aber sucht, den irdischen Mitteln zur Nachforschung abhold, den Himmel auf. Sie befiehlt, den Wagen herzurichten, den der Goldschmied Vulkan ihr mit subtiler Fertigkeit eifrig geglättet und vor dem ersten Versuch der Brautkammer ihr als Hochzeits-Gabe dargebracht hatte, ansehnlich durch den Schaden, den ihm die zehrende Feile getan, und sogar durch den Verlust an Gold preislich. Von den vielen, die um der Herrin Gemach im Gehege waren, gehen vier weiße Tauben hervor und mit heiterem Schritte, die bemalten Hälse drehend, unter das juwelene Joch; und mit der aufgenommenen Herrin fliegen sie freudig empor. Den Wagen der Göttin begleitend, flattern die Spatzen mit zusammenschwirrendem Gezwitscher, und die übrigen Vögel, die süße singen, verkünden mit dem Widerhall honigholder Weisen das Kommen der Göttin. Es weichen die Wolken, der Himmel öffnet seiner Tochter, der höchste Äther empfängt mit Freuden die Göttin, und vor den begegnenden Aaren oder räuberischen Sperbern ist das sangreiche Gesinde der großen Venus durchaus nicht in Ängsten.

Da wendet sie sich stracks zu Jupiters Königsburgen und fordert mit hoffärtiger Bitte den nötigen Gebrauch der Bemühungen Merkurs, des stimmegewaltigen Gottes. Jupiters blaudunkle Braue winkt ihr nicht ab. Da steigt Venus augenblicks frohlockend in der Begleitung Merkurs vom Himmel herab und verknüpft ihm angelegentlich diese Worte: «Arkadischer Bruder, du weißt ja, daß deine Schwester Venus niemals etwas ohne die Anwesenheit Merkurs getan; und zumal jetzt übergeht sie dich nicht, da sie die schon so lange Zeit verborgene Magd nicht zu finden vermag. Es bleibt also nichts übrig, als durch deine Verkündigung eine Belohnung für das Aufspüren öffentlich auszurufen. Mach also, daß du meinen Auftrag beschleunigst, und bezeichne handgreiflich die Indizien, durch die sie erkannt werden kann, damit, wenn einer sich des Verbrechens der unerlaubten Verbergung unterziehn sollte, er sich mit der Entschuldigung der Unwissenheit nicht verteidigen kann.» Und zugleich mit der Rede reicht sie ihm ein Schriftlein, worin Psychens Name und das übrige enthalten war. Dies getan, entfernt sie sich schnurstracks nach Hause.

Doch Merkur ließ Gehorsam nicht außer acht. Denn weit und breit durch alle Münder der Völker eilend, vollzog er das Amt der aufgetragenen Ankündigung: «Wenn einer von der

Flucht zurückholen oder als versteckt nachweisen könne die flüchtige Königstochter, Magd der Venus, Psyche mit Namen, so möge er mit dem Ausrufer Merkur hinter der murzischen Pyramide zusammenkommen, und er würde um der Anzeige willen von Venus selber sieben liebliche Süße empfangen und einen ganz Honigsüßen mit Anschlag der schmeichelnden Zunge.»

Da Merkur auf diese Weise ausruft, hatte die Begier nach solch einer Prämie sogleich den Eifer aller Sterblichen angezogen. Das hob jetzt besonders das ganze Zaudern in Psyche auf. Und da sie sich schon dem Tor ihrer Herrin nähert, begegnet ihr eine aus der Dienerschaft der Venus mit Namen Gewohnheit und schreit sogleich, so laut sie nur konnte: «Endlich, du nichtsnutzige Magd, fängst du an zu wissen, daß du eine Herrin hast? Oder stellst du dich bei der übrigen Frechheit deiner Sitten, als ob du nicht wüßtest, wieviel Arbeit wir durch die Nachforschung nach dir ausgehalten haben? Aber gut, daß du grade in meine Hände gefallen und zwischen den Gittern des Orkus selbst hängen geblieben bist, um stracks die Strafe für dein Sträuben zu leiden!» Und frech die Hände in ihre Haare steckend, zog sie die keineswegs Widerstrebende mit sich. Sobald Venus sie hereingeführt und sich überliefert sah, erhob sie das breiteste Gelächter, so wie die wütend Erzürnten pflegen, und ihren Kopf schüttelnd und sie am Ohr ziehend, spricht sie: «Endlich würdigst du deine Schwiegermutter deines Grußes? Oder kommst du vielmehr um deinen Gatten, der durch deine Wunde gefährdet ist, zu besuchen? Aber sei unbesorgt, denn schon werde ich dich empfangen, wie es einer guten Schwiegertochter zukommt.» Und: «Wo sind», sprach sie, «Kümmernis und

Betrübnis, meine Mägde?» Nachdem sie diese hereingerufen, übergibt sie Psyche ihnen zum Foltern. Jene aber, der Vorschrift der Herrin folgend, schlagen die arme Psyche mit Geißeln und zermartern sie mit den übrigen Foltergeräten und bringen sie wieder vor den Blick ihrer Herrin. Da spricht mit wieder erhobenem Lachen Venus: «Siehe da, mit dem Reiz ihres geschwollenen Bauches will sie unser Mitleid bewegen, durch den sie mich mit dem herrlichen Sprossen natürlich zur Großmutter machen möchte. Glücklich wahrhaftig ich, die ich in der Blüte meines Alters Großmutter genannt werde, und der Sohn dieser Magd wird Enkel der Venus heißen! Indes bin ich läppisch, daß ich irrtümlich Sohn sage; denn die Ehe ist ungleich, und außerdem kann eine in einer Villa und ohne Zustimmung des Vaters geschlossene Ehe nicht für legitim angesehn werden; und deshalb wird dieser als Bastard geboren, wenn wir dich die Frucht überhaupt austragen lassen.»

So gesprochen, fliegt sie auf Psyche zu und reißt ihr an mehreren Stellen das Kleid vom Leib, zerrauft ihr das Haar und gibt ihr Kopfnüsse und schwere Hiebe. Dann nimmt sie Getreide, und nachdem sie Gerste und Hirse und Mohnsamen und Erbsen und Linsen und Bohnen zusammengemischt, schüttet sie die haufenweise zu einem Berg zusammen und spricht so zu jener: «Du scheinst mir nämlich, du ungestalte Dienstmagd, deine Liebhaber auf keine andere Weise, sondern nur durch fleißiges Arbeiten zu erwerben; auch werde ich selbst auf diese Art deine Frucht gefährden. Sondre den überall verstreuten Haufen dieser Samen, und wenn du die einzelnen Körner richtig getrennt und erlesen hast, dann weise mir vor Abend das Werk ausgeführt.»

Da sie ihr den Haufen so vieler Samen gewiesen, begab sie selbst sich zu einem Hochzeits-Schmaus. Doch Psyche bewegt die Hände nicht zu der regellosen und unentwirrbaren Masse, sondern von der Ungeheuerlichkeit der Weisung betäubt, erstarrt sie schweigend. Da rennt eine Ameise, jenes landbebauende Kleine, der Schwierigkeit und so großen Arbeit gewiß, emsig herbei und erbarmt sich der Zeltgenossin des großen Gottes; und die Wut der Schwiegermutter verfluchend, ruft und bittet sie das ganze Geschwader der anwohnenden Emsen zusammen: «Erbarmt euch, behende Zöglinge der Allmutter Erde, erbarmt euch der Gattin Amors, des lieblichen Mädchens, und bringt der Gefährdeten mit Schleunigkeit prompten Sukkurs!» Da stürzen Wogen der sechsfüßigen Völker eine über die andre herbei, und mit höchstem Eifer ordnet jegliche Korn für Korn den gesamten Haufen; und nachdem sie die Arten getrennt und geteilt und auseinandergelegt, gehen sie hurtig aus dem Gesichtskreis.

Zu Anfang der Nacht kehrt aber Venus vom Hochzeits-Schmause zurück, Wein triefend und Balsam duftend und den ganzen Leib mit schimmernden Rosen umrankt; und da sie den Fleiß der wunderbarlichen Arbeit gewahrt, spricht sie: «Nicht dein Werk, Nichtsnutzigste, noch deiner Hände ist dies, sondern dessen, dem du zu deinem und noch viel mehr zu seinem Unglück gefallen hast!» Und nachdem sie ihr eine Kruste schlechten Brots vorgeworfen, eilt sie ins Schlafgemach. Unterweil wurde Cupido im Innern des Hauses in einem abgelegenen Gemache allein verschlossen und scharf eingesperrt, teils damit er nicht durch mutwillige Ausgelassenheit seine Wunde verschlimmere, teils damit er nicht mit seiner Erwünschten zusammenkäme. So hatten die Getrenn-

ten und unter einem Dache geschiedenen Liebenden eine
gräßliche Nacht zu erdulden.

Da nun Aurora gemach emporfuhr, rief Venus Psyche und
sprach solches zu ihr: «Siehst du jenen Hain, der sich an den
langen Ufern des vorbeispülenden Flusses erstreckt, dessen
tiefe Strudel vom benachbarten Berge herabspringen? Dort
schweifen schimmernde und von der Farbe des Goldes blühende Schafe auf unbehüteter Weide. Ich denke, daß du mir
flugs von der Wolle ihres preislichen Vlieses eine Flocke, wie
auch immer gefunden, herbringst.»

Psyche machte sich willig auf, zwar nicht um Folge zu leisten,
sondern um Ruhe vom Bösen durch einen Sturz vom Felsen
des Flusses zu finden. Aber vom Flusse her weissagt durch
göttliche Inspiration mit sanftem Geräusch süßer Lüfte die
Nährmutter lieblicher Melodien, das grüne Schilfrohr: «Psy-
che, in soviel Mühsal geübte, besudle nicht meine heiligen
Wasser mit deinem elenden Tode, noch schaffe dir in dieser
Stunde zu den furchtbaren Schafen Zugang, solange sie vom
Sieden der Sonne ihre Hitzigkeit borgend zu trotziger Wut
hingerissen werden und mit spitzigem Horn und steinerner
Stirn und mitunter vergifteten Bissen zur Zerstörung der
Sterblichen wüten; wenn aber der Mittag das Feuer der Sonne
gedämpft hat und das Vieh durch die Heiterkeit des Fluß-
Odems zur Ruhe gekommen ist, kannst du dich unter jener
hochgewachsenen Platane, die mit mir zusammen aus einem
Flusse trinkt, leicht verbergen. Und sobald die Wut der Schafe besänftigt und ihr Mut entspannt ist, schüttle das Laub des
benachbarten Haines auf, und du wirst das wollige Gold finden, das überall an den gebogenen Zweigen hängt.»

So lehrte das einfältige und menschliche Schilf die beküm-

51

merte Psyche ihre Rettung. Und ihr Zuhören nicht bereuend, zögerte die sorgsam Unterrichtete nicht, sondern sie beobachtete alle Angaben und trägt mit leichtem Diebstahl von der Weichheit des blonden Goldes einen Haufen zusammen und bringt ihn Venus. Dennoch erlangte auch die Gefahr der zweiten Arbeit bei der Herrin kein günstiges Zeugnis, sondern unter zusammengezogenen Brauen bitter hervorlachend, sprach sie: «Mir entgeht doch nicht der buhlerische Lehrmeister auch dieser Tat! Aber jetzt werd ich mit Fleiß probieren, ob du mit gewaltig tapferem Mut und einzigartiger Klugheit begabt bist. Siehst du dort den felsigen First des hohen Berges ragen? Von ihm fließen die dunklen Wogen einer schwarzen Quelle herab, und eingeschlossen im Behältnis des nächsten Tales bewässern sie die Sümpfe des Styx und nähren die dumpf murrenden Fluten des Cocytus. Dort schöpfe mir aus dem Strudel der höchsten Quelle den starrenden Tau und bringe ihn flugs in der Urne her.» Also sprechend übergab sie ihr ein Gefäß aus geglättetem Kristall und bedrohte sie überdies schwer.

Sie aber suchte, ihren Schritt eifrig beschleunigend, den höchsten Gipfel des Berges auf, gewiß, dort das Ende ihres elenden Lebens zu finden. Und sobald sie die benachbarten Orte des angekündigten Gebirgskamms erreicht hat, sieht sie die todbringende Schwierigkeit der gewaltigen Sache. Der zu ungeheurer Größe gewachsene und durch unzugängliche Holprigkeit gefahrvolle Felsen spie mitten aus Schlünden von Stein die grausigen Quellen, die aus der jähen Höhlung des Lochs über den Abhang stürzen und auf dem ausgefurchten Pfad eines engen und überdeckten Kanals verborgen ins nächste Tal fallen. Zur Rechten und Linken kriechen aus hohlen

Grotten wilde und lange Hälse reckende Schlangen, deren
Augenlicht zu schlafloser Wachsamkeit verpflichtet ist, und
die Wache halten mit immer leuchtenden Pupillen. Und
doch schützten die Wasser sich selbst, die stimmbegabt waren. Denn: «Weiche!» und: «Was tust du? Sieh zu!» und:
«Was treibst du? Hüte dich!» und: «Fliehe!» und: «Du wirst
umkommen!» schrien sie stracks. Da war Psyche, von der
völligen Unmöglichkeit in Stein verwandelt, obgleich gegenwärtigen Körpers, mit Sinnen fern: und von der Masse der
unentwirrbaren Gefahr ganz überschüttet, entbehrte sie auch
des letzten Trostes der Tränen. Doch den erhabenen Augen
der Vorsehung blieb die Mühsal der unschuldigen Seele nicht
verborgen. Denn des höchsten Jupiter königlicher Vogel war
plötzlich mit beiderseits gespannten Fittichen da, der räuberi-
sche Aar, eingedenk alten Gehorsams, da er unter Cupidos
Führung den phrygischen Mundschenk Ganymed zu Jupiter
emportrug; und des Gottes Gottheit in der Gattin Mühsalen
verehrend, verließ er die luftigen Wege der Himmels-Kuppe,
heilsame Hülfe zu bringen; und auf das Antlitz des Mädchens
zufliegend, hob er an: «Hoffst du denn, sonstschon einfältig
und unerfahren in solchen Dingen, aus der unantastbarsten
und nicht minder grimmigen Quelle nur einen Tropfen zu
stehlen oder sie überhaupt erreichen zu können? Hast du
nicht durch Hörensagen erfahren, daß diese stygischen Wasser den Göttern und sogar Jupiter furchtbar sind, und daß,
wie ihr bei der Gottheit der Götter schwört, die Götter dies
bei der Majestät des Styx zu tun pflegen? Gib aber jetzt die
Urne her!» Und mit der stracks ergriffenen und umkrallten
eilt er mit den schwebenden Massen der schwanken Schwingen zwischen die Kinnbacken wütender Zähne und das

dreigespaltne Züngeln der Schlangen; und sein Ruderwerk
rechts und links ausstreckend, schöpft er die Wasser, die
willig sind und gewähren, daß er unbeschadet davonkommt,
indem er erdichtet, daß er auf Befehl der Venus bitte, und daß
er ihr diene, wodurch der Zugang ihm etwas leichter ermöglicht ward. So brachte Psyche die mit Freuden empfangene
volle Urne Venus schleunigst zurück.

Dennoch konnte sie den Willen der wütenden Venus auch
jetzt nicht versöhnen. Denn ihr noch größere und greulichere
Schandtaten androhend, begrüßt sie sie mit verderblichem
Lächeln: «Du scheinst mir allerdings eine hohe und ganz er-
habene Hexe zu sein, da du meinen Vorschriften so emsig
gehorcht hast. Aber noch mein Püpplein, mußt du mir dies
hier verschaffen. Nimm diese Büchse!» und sie gab sie ihr.
«Wende dich stracks zu den Untern und zu den todbringenden Penaten des Orkus selbst. Dann sage, Proserpina diese
Büchse überbringend: ‹Venus erbittet von dir, du mögest ihr
ein bißchen von deiner Schönheit schicken, nur so viel, wie
für ein einziges Täglein ausreicht. Denn was sie davon hatte,
das hat sie bei der Pflege ihres erkrankten Sohnes alles verbraucht und aufgerieben.› Aber komm nicht zu spät wieder,
weil ich es brauche, um damit gesalbt die Sitzung der Seligen
zu besuchen.»

Da merkt Psyche nun allermeist, daß ihr letztes Schicksal gekommen ist, und erfährt handgreiflich, daß jede Hülle jetzt
fallen gelassen ist und sie geradewegs in das Verderben getrieben wird. Wie auch nicht? Da sie gezwungen wurde, freiwillig und auf eigenen Füßen zum Tartarus und den Geistern der
Toten zu wandeln. Ohne länger zu zaudern, macht sie sich zu
einem sehr hohen Turm auf, um sich von dort köpflings hin-

unter zu stürzen; denn so dachte sie, grade und aufs Schönste
zu den Untern hinabsteigen zu können. Aber der Turm
bricht in eine plötzliche Stimme aus, und: «Warum», sprach
er, «du Arme, suchst du dich kopfüber zu vertilgen? Und
warum erliegst du schon blindlings dieser neuesten Gefahr
und Arbeit? Wenn der Geist nämlich sich einmal von deinem
Körper getrennt hat, so wirst du zwar tatsächlich zum unter-
sten Tartarus gehn, aber von dort auf keine Weise zurückkehren können. Höre auf mich! Nicht weit von hier ist im
edlen Achaja die Stadt Lacedämon gelegen; das ihr benach-
barte und in weglosen Gegenden verborgene Tänarus mußt
du suchen. Dort ist das Luftloch des Hades, und durch gäh-
nende Tore zeigt sich dir der ungangbare Weg, dem du dich,
die Schwelle überschreitend, anvertraun mußt; und schon
dringst du in gerader Röhre zum Palast selber des Orkus.
Aber nicht leer darfst du dorthin durch jene Finsternis schrei-
ten, sondern mußt mit Weinmeth verdickte Brocken Polenta
in beiden Händen tragen und im Munde zwei Nummen.
Und wenn du schon einen guten Teil des todbringenden
Weges vollendet hast, wirst du einen lahmen Esel, ein Holz-
Trägerlein treffen mit einem ebenfalls lahmen Treiber, der
dich bitten wird, ihm von dem herabfallenden Gepäck einige
Knüttel zu reichen; aber du gehe, ohne ein Wort vorzubrin-
gen, schweigend vorüber. Ohne Verzug wirst du zum Toten-
Fluß kommen; über den ist Charon gesetzt, der zuerst ein
Fährgeld verlangt und dann die Zusammenkommenden in
seinem geflickten Kahn ans jenseitige Ufer fährt. Also auch
bei den Toten lebt die Habsucht, und weder jener Charon,
noch Vater Pluto, ein so großer Gott, tut irgend etwas umsonst, sondern der sterbende Arme muß sich nach einem

Zehrpfennig umsehn, und wenn zufällig kein Geld bei der
Hand ist, so läßt niemand ihn sterben. Diesem schmutzigen
Greise wirst du als Schiffslohn von den Nummen, die du
trägst, eine geben, jedoch so, daß er sie selbst mit der Hand dir
aus dem Munde nimmt. Ferner: wenn du den trägen Strom
durchmissest, wird ein hinüber schwimmender toter Greis,
die verwesten Hände erhebend, dich bitten, daß du ihn in das
Fahrzeug ziehst; doch lasse dich dennoch nicht von unerlaubter Barmherzigkeit bewegen. Nachdem du über den Fluß
und ein Stück weiter gegangen bist, werden dich alte Webe-
weiber, die ein Gewebe herrichten, bitten, du mögest ein wenig Hand anlegen, doch ist es dir nicht erlaubt, es zu berühren. Denn dieses alles und vieles andre entsteht dir durch die
Nachstellungen der Venus, damit du einen von deinen
Bröcklein aus den Händen lässest. Doch halte diesen kleinen
Polenta-Verlust nicht für eitel! Denn wenn du einen verlierst,
so wird das Licht dir durchaus verweigert werden. Denn ein
sehr großer Hund mit dreigipfligem und genugsam breitem
Kopf ausgestattet, ungeheuer und grausenvoll, bellt mit
schallenden Kehlen die Toten an: Böses kann er ihnen schon
nicht tun und bewacht also mit vergeblichem Erschrecken,
vor der Schwelle selbst und dem schwarzen Atrium Proserpinas immer draußen liegend, das leere Haus Plutos. An dem
durch die Beute des Bröckleins Genasführten wirst du leicht
vorbeigehn und geradeswegs zu Proserpina selber hinein, die
dich höflich und freundlich empfangen wird und dir raten,
dich weich hinzusetzen und ein üppiges Frühstück zu nehmen. Du aber sitz auf den Boden, erbitte schmutziges Brot
und iß es, melde sodann, warum du kommst, und nachdem
du empfangen, was sie dir bieten wird, kaufe dich, wieder zu-

rückwandelnd, vom Grimm des Hundes mit dem übrigen
Bröcklein los; gib dann dem geizigen Schiffer die Nummer,
die du aufgehoben, und wenn du seinen Fluß überschritten
und deine frühere Fußspur wiederholt hast, so wirst du zu
diesem himmlischen Chor der Gestirne zurückkehren. Unter
allem aber, meine ich, hast du vorzüglich dies zu beobachten,
daß du jene Büchse, die du trägst, weder öffnest, noch gar den
verborgenen Schatz der göttlichen Schönheit neugierig be-
schaust.»
So entfaltete der weitschauende Turm das Geschenk seiner
Wahrsagung. Ohne Verzug bricht Psyche nach Tänarus auf,
und nachdem sie jene Nummern und Bröcklein richtig genommen, läuft sie zum unterirdischen Weg hinab. An dem
verkrüppelten Eseltreiber mit Schweigen vorübergegangen
und dem Fährmann jenen Flußzoll gegeben; das Verlangen
des überschwimmenden Toten genichtachtet und verachtet
die hinterlistigen Bitten der Weberinnen und die grausige
Wut des Hundes mit des Bröckleins Speise geschläfert: dringt
sie ins Haus Proserpinas ein. Und weder den von der Wirtin
gebotenen sanften Sitz, noch die glückliche Speise anneh-
mend, sondern zu ihren Füßen niedrig hinsitzend, und mit
eßbarem Brote zufrieden, führt sie die Sendung der Venus
durch, empfängt sogleich die geheim gefüllte und verschlossene Büchse, und nachdem sie durch die List des zweiten
Bröckleins das Gebelfer des Hundes verschlossen und die
verbliebene Nummer dem Schiffer gegeben, läuft sie weit
munterer aus der Unterwelt zurück. Da sie nun das schimmernde Licht wiedergewonnen und angebetet, eilt sie zwar,
ihre Dienstleistung zu vollenden, wird aber doch von einer
unbedachtsamen Neugier ergriffen und: «Siehe da», sprach

sie, «ich bin ja ein läppisches Trägerlein göttlicher Schöne, daß ich mir nicht ein Bißchen davon nehme, um dadurch meinem schönen Liebhaber zu gefallen.» Und mit dem Wort öffnet sie die Büchse. Doch nichts von allen Dingen, noch irgendwelche Schönheit war drin, sondern ein unterirdischer und wahrhaft stygischer Schlaf, der stracks, vom Deckel entblößt, auf sie losgeht und mit dickem Nebel des Schlafs sich über all ihre Glieder ergießt und selben Weges und selben Schritts die Hingesunkene in Besitz nimmt. Und sie lag unbeweglich und nicht anders als ein schlafender Leichnam. Cupido aber, bei verdichteter Narbe bereits genesen und die lange Abwesenheit seiner Psyche nicht aushaltend, stürzt sich aus dem höchsten Fenster des Schlafgemachs, worin er versperrt war, und eilt, da seine Flügel sich durch die ziemlich lange Ruhe erholt haben, weit schneller dahinfliegend zu seiner Psyche, wischt den Schlaf sorgfältig ab und verschließt ihn wieder an den früheren Platz in der Büchse, ermuntert Psyche mit einem schadlosen Stichlein seines Pfeiles und: «Siehe da!» sprach er, «wieder wärest du Elende umgekommen durch die gleiche Neugier! Inzwischen führe du die Verrichtung, die dir durch die Weisung meiner Mutter aufgetragen wurde, rührig aus; nach dem Übrigen werde ich selber sehn.» Mit diesen Worten übergab der leichte Liebhaber sich seinen Flügeln, Psyche aber überbringt Proserpinas Geschenk flugs der Venus.

Unterweil kehrt Cupido, verzehrt von zuvieler Liebe und vergrämten Gesichts und die plötzliche Ernüchterung seiner Mutter befürchtend, zu seinem alten Weinkrüglein zurück: er dringt mit behenden Schwingen zum Scheitel des Himmels empor und fleht, seine Sache darlegend, den großen Jupiter

an. Da ergreift der mit der Hand das Bäcklein Cupidos und
bringt es an seinen Mund, küßt es und spricht zu ihm: «Du
magst zwar, Herr Sohn, die durch Zustimmung der Götter
mir erklärte Ehre niemals gewahrt haben, sondern hast diese
meine Brust, in der die Gesetze der Elemente und der Wech-
sel der Sterne geordnet werden, mit unablässigen Schlägen
verwundet und durch häufige Fälle von irdischer Liebe ver-
unstaltet; und hast meine Achtung und meinen Ruf durch
schimpfliche Buhlschaften gegen die Gesetze und sogar gegen
das Julische über den Ehebruch verletzt, indem du meine hei-
teren Züge unsauber in Schlangen, Feuer, Bestien, Vögel und
Herden-Vieh verkehrtest: aber dennoch werde ich, eingedenk meiner Milde, und weil du unter diesen meinen Händen heranwuchsest, dir alles vollführen; aber wenn jetzt ein
Mädchen auf Erden durch Schönheit hervorragt, so mußt du
mir mit ihr einen Gegendienst meiner gegenwärtigen Wohltat erweisen.»
So gesprochen, befiehlt er Merkur, alle Götter stracks zur
Versammlung zu rufen und zu verkünden: wenn jemand
dem Kreise der Himmlischen fernbliebe, er mit einer Strafe
von zehntausend Nummen belegt würde. Durch die Angst
hiervor füllt sich sofort der himmlische Versammlungsplatz,
und sitzend auf seinem höchsten Sitz kündigt der hochge-
wachsene Jupiter Folgendes an:
«Ihr auf der weißen Tafel der Musen verzeichnete Götter, ihr
kennt in der Tat alle diesen Jüngling, der unter meinen Händen erzogen wurde. Ich habe geglaubt, die feurigen Triebe
seiner ersten Jugend durch einen Zaum zähmen zu müssen; es
ist genug, daß er durch tägliche Geschichten wegen Ehe-
bruchs und aller Verführungen verschrien ist. Jede Gelegen-

heit hierzu ist ihm zu nehmen, und sein knäblicher Mutwille ist mit ehelichen Fesseln zu binden. Er hat ein Mädchen er-wählt und sie der Jungfräulichkeit beraubt: behalte er sie, be-sitze er sie, und genieße er, Psyche umarmend, allezeit seine Liebe.» Und zu Venus sein Antlitz herumdrehend: «Doch du, o Tochter», sprach er, «betrübe dich keineswegs und fürchte für deine so große Sippschaft nichts durch die be-schlossene sterbliche Ehe. Ich werde sie schon nicht ungleich machen, sondern legitim und übereinstimmend mit dem zi-vilen Recht.» Und auf der Stelle befiehlt er Merkur, Psyche zu ergreifen und in den Himmel zu führen. Den Nektar-Po-kal ihr hinstreckend, sprach er: «Nimm, Psyche, und sei un-sterblich, und niemals weiche Cupido aus deinen Banden, sondern diese Ehe habe euch immer Bestand!»

Ohne Verzug wird das Hochzeitsmahl im Überfluß herge-schafft. Auf dem höchsten Pfühl lag der Gatte, Psyche in sei-nem Schoß umarmend. So auch Jupiter mit seiner Juno, und sodann nach der Ordnung alle Götter. Dann kredenzte den Kelch mit Nektar, was der Wein der Götter ist, dem Jupiter sein Mundschenk, jener ländliche Knabe, den übrigen aber Bacchus; das Essen kochte Vulkan; die Horen bepurpurten alles mit Rosen und anderen Blumen, die Grazien sprengten Balsam, auch ließen die Musen Gesänge erschallen. Apoll sang zur Cithara, Venus tanzte schön zur lieblichen Musik und mit taktmäßigem Tritt, indem sie sich die Szene so herrich-tete, daß die Musen im Chor sangen oder die Flöten bliesen, ein Satyr aber und ein Pan auf der Syrinx spielten. So kam Psyche nach dem Ritus in die Hände Cupidos, und es ward ihnen zur rechten Zeit eine Tochter geboren, die wir Wol-lust nennen.

ERICH NEUMANN

EROS UND PSYCHE

Ein Beitrag zur seelischen Entwicklung
des Weiblichen

Die Erzählung von Eros und Psyche gliedert sich in acht Teile, denen unsere Interpretation folgt. Psyche, eine Königstochter von überirdischer Schönheit, wird wie eine Göttin verehrt. Die Menschen vernachlässigen den Kult der Aphrodite und pilgern zu Psyche. Dadurch wird Aphrodites tödliche Eifersucht erregt, die von ihrem Sohne Eros fordert, sie zu rächen und Psyche durch die Liebe zu dem «niedrigsten der Menschen» zu vernichten.

Die Eltern Psyches, die schön, aber ungeliebt ist, befragen das Orakel, um für sie einen Gemahl zu bekommen, und erhalten die folgende furchtbare Antwort:

«Setz, o König, dein Kind auf die höchste Klippe
　des Berges,
Mit des Totengemachs traurigem Schmucke
　geziert.
Nicht von sterblichem Stamm erwählt den Eidam
　dir hoffe,
Sondern wütend und wild ist er und schlangen-
　umrankt,
Der mit Schwingen den Äther befliegend alles
　ermattet,
Und mit Eisen und Glut jeden zu schwächen
　versteht,

Dem auch Jupiter bebt, der Götter erschreckende
selber,
Dem auch schaudert die Flut und das Finster des
Styx.*

Die unglücklichen Eltern gehorchen dem Gebot des Orakels
und liefern Psyche dem Unhold zur Todeshochzeit aus. Daran schließt sich, nachdem überraschenderweise Psyche nicht
getötet, sondern von Zephyr entführt worden ist, das Para-
diesleben mit dem unsichtbaren Gemahl, mit Eros, der sich
Psyche zur Gattin erwählt hat. Es folgt der Einbruch der
neidischen Schwestern in das Psyche-Eros-Idyll. Trotz der
Warnungen des Eros hört Psyche auf ihre Schwestern und
entschließt sich, das Ungeheuer, als das die Schwestern ihr den
Gemahl beschrieben haben, nachts zu überraschen und zu
töten. Im Mittelpunkt des nächsten Teiles steht die Tat Psyches, die beim Schein der Lampe, wider das Verbot, zwar Eros
als Gott erkennt, den durch einen brennenden Öltropfen Er-
weckten und Verwundeten damit aber zugleich, wie er war-
nend vorausgesagt hatte, verliert. Das Suchen Psyches nach
dem verlorenen Geliebten, ihre Auseinandersetzung mit dem
Zorn Aphrodites und die Erfüllung der von der Göttin gestellten Aufgaben bilden die nächsten Abschnitte. Sie schlie-
ßen mit der Niederlage Psyches, welche die Büchse der Persephone öffnet und in einen todesähnlichen Schlaf fällt. Im
Schlußkapitel erfolgt die Erlösung Psyches durch Eros und

---

* Wir zitieren, wo es nicht anders erwähnt ist, die Übersetzung von
A. Schaeffer, Insel-Verlag 1926, der in seinen sprachlichen Eigenwilligkei-
ten wortgetreu denen des Apuleius folgt.

ihre Aufnahme in den Olymp als seine unsterbliche Gemahlin.

Die Vorgeschichte der Erzählung wird durch den Konflikt zwischen Psyche und Aphrodite gebildet. Psyches Schönheit ist so groß, daß sie wie Aphrodite selber «mit gottesfürchtiger Anbetung» verehrt wird. Es heißt unter den Menschen, «daß die Göttin, die von der blaudunkeln Tiefe des Meeres geboren und mit dem Tau der schäumenden Fluten aufgezogen war, weit und breit die Gnade ihrer Gottheit gewähre und inmitten der Volksmengen umhergehe». Die für Aphrodite beleidigendere, in ihrer symbolischen Bedeutung tiefere und bedeutungsträchtigere Auffassung der Menschen ist die, «daß abermals durch einen neuen Sproß himmlischer Tropfen nicht das Meer, sondern die Erde* eine andere, mit jungfräulicher Blüte begabte Aphrodite hervorgetrieben hätte». Dieser seltsame Glaube sieht in Psyche nicht mehr eine Inkarnation Aphrodites, was diese notfalls noch hätte billigen können, sondern er spricht von einer «anderen Aphrodite», einer neuen Zeugung und einer neuen Geburt. Fraglos spielt dieser «neue Glaube» auf die Geburt Aphrodites an, die im Mythos aus dem im Meer versenkten abgeschnittenen Phallus des Uranos entstanden ist. Ihr wird eine neue Zeugung «himmlischer Tropfen», nun aber mit der Erde, entgegengesetzt, deren Frucht Psyche ist als «neue Aphrodite».

Daß dieser «neue Glaube» nicht der Willkür unserer Interpretation entstammt, sondern an den Kern des Psyche-Mythos rührt, wird im Verlauf unserer Deutung sichtbar wer-

---

* Wir haben hier an Stelle terras, «Länder», wie Schaeffer übersetzt, den Terminus «Erde» vorgezogen.

den. Das Auftauchen des Aphrodite-Psyche-Konfliktes schon am Beginn der Erzählung verrät seine Bedeutung als Zentralmotiv.

Die Geburt der Psyche ist ein säkulares Geschehen, wie auch die Umwälzung der menschlichen Beziehung zu Aphrodite beweist, von welcher das Märchen berichtet, durchaus eine Entsprechung zu dem Ruf «der große Pan ist tot», der am Ende der Antike ertönte. «Und schon fluteten viele der Sterblichen auf langen Reisen und durch die tiefsten Strömungen der Meere zu dem glorreichen Wahrzeichen des Jahrhunderts. Nach Paphos niemand, nach Knidos niemand, und nicht einmal nach Cythere schifften sie zum Anblick der Göttin Aphrodite; ihre Opfer wurden verschoben, die Tempel entstellt, die Polster vergessen, die Zeremonien vernachlässigt; unbekränzt sind die Bilder und Altäre, mit kalter Asche beschmutzt. Zu dem Mädchen wird gebetet.»

Die Reaktion auf dieses Geschehen ist, daß sich Aphrodite als «klassenbwußte» Göttin selber aufhetzt. Sie redet sich an als «alte Mutter der Natur und der Dinge» und als «anfänglichen Ursprung der Elemente», deren «im Himmel gegründeter Name» durch «erdenen Schmutz profaniert» wird, und ist als in ihrer Eitelkeit gekränkte, eifersüchtige Frau sofort zur Rache bereit, und zwar gleich zur niederträchtigsten und ruchlosesten Form der Rache, die ihr möglich ist. Für Aphrodite handelt es sich, wie sie ihrem Sohn Eros, den sie als Werkzeug des Verderbens benutzen will, «glühend und sprühend vor Entrüstung» mitteilt, um einen «Wetteifer der Schönheit».

Man darf die glänzende und raffinierte Schilderung dieser Situation nicht als Genrebild mißverstehen. Es geht um viel

Tieferes. Aphrodite und ihr Sohn Eros, den sie «bei dem Band mütterlicher Liebe» anfleht und mit «lechzenden Küssen lange an sich drückt» und umarmt, bilden ein Götterpaar von unheimlicher Gewalt. Es ist die Große Mutter, die sich mit ihrem göttlichen Sohngeliebten zum Verderben menschlicher Hybris verbindet in der freien und durch nichts gebundenen Willkür himmlischer Potentaten, denen das Menschliche «erdener Schmutz» und Sterblichkeit ist. Das heißt, es ist die Konstellation der griechischen Tragödie, mit der das Psyche-Märchen anhebt.

Die ruchlose Schönheit dieses Paares unsterblicher Gewalten leuchtet und flimmert in einer Faszination, der sich niemand wird entziehen können, der die Schilderung liest. Eros, der ungebundene, wahrhaft ungeheuerliche Knabe, dessen Pfeilen die eigene Mutter und der eigene Vater, Aphrodite ebenso wie Zeus, ausgesetzt sind, dieser mit Pfeilen und Flammen willkürlich spielende «Frechling» wird aufgefordert, Psyche mit der Waffe zu vernichten, welche die Waffe der Aphrodite und des Eros ist, mit der Liebe. «Diese Jungfrau muß von brennendster Liebe besessen werden zu einem äußersten Menschen», wie Schaeffer herrlich übersetzt, «einem so tiefen Menschen, daß er im ganzen Erdkreis keinen Gefährten seines Elends auffinden mag». Der tödliche Liebeszauber der allmächtigen Göttin, der Großen Mutter, deren Hexen-, Zauber- und Tierverwandlungsmacht ihr urtümliches Bild umgeistert, entfaltet sich in der schillernden Schamlosigkeit einer göttlich unbarmherzigen und wahrhaft seelenlosen Weiblichkeit. In ihr stehen göttliche Schönheit, Eitelkeit und durch kein Maß gemilderte Leidenschaft nebeneinander und verbinden sich mit der unbekümmerten, spielerisch-tödlichen und in unbeschreibliches Elend stürzenden Macht des Eros. Und nachdem diese Aphrodite ihr Wunschbild ausgebreitet hat, die schönste jungfräuliche Blüte menschlicher Weiblichkeit, Psyche, in brennendster Liebe hingerissen zu sehen zu einem verabscheuungswürdigen unmenschlichen «äußersten Menschen» – «sucht sie nächste Küsten der überspülten Gestade auf; und mit rosigen Sohlen den obersten Tau der bebenden Fluten betretend, siehe, da läßt sie sich nun auf dem trockenen Scheitel des Meeresabgrundes nieder; und was sie nur zu wünschen beginnt, das verzögert, als ob sie schon vorher geboten hätte, den Gehorsam des Meeres nicht». Es folgt das hinreißende, farbentrunkene Bild der zum Okeanos aufbrechenden Aphrodite, umgeben vom Heer der Tritonen, chorumsungen, muschelhornumblasen, mit seidenem Schirm vor den Strahlen der Sonne geschützt, sich in ihrer unsterblichen Schönheit im Spiegel bespiegelnd. Dies ist das Vorspiel im Himmel.

Auf der Erde aber heißt es: «Unterweil sammelte Psyche mit der ihr eigentümlichen Schönheit keine Frucht ihrer Zierden.» Psyche, vereinsamt, ohne Liebe und ohne Gatten, «haßt gegen sich selbst ihre, obwohl so vielen Leuten wohlgefällige Schönheit», und der Vater, der Apollos Orakel um Ehe und Gatten bittet, erhält die furchtbare Antwort, die wir kennen. Damit setzt das bedeutsame Kapitel der «Todeshochzeit» ein. Trotz seiner märchenhaften und nur angedeuteten Stellung im Vorspiel des Dramas, führt es tief in die mythologische Grundsituation des Geschehens ein. Das Schaugepränge der «Begräbnishochzeit», das unter Asche welkende Licht der Hochzeitsfackel, das Umschlagen der Brautflöte in die Flötenklage und des Hymensanges in Trauergeheul – das weibliche Ritual der Todeshochzeit, das, matriarchal, dem Ritus der Adonisklage vorausgeht, ragt als Überrest alter Mythenzeit mitten hinein in die späte Märchengegenwart der alexandrinischen Aphrodite.

Das alt-uralte Motiv von der Braut als der Sterbenden, das man auch nennen könnte: «Der Tod und das Mädchen», wird hier angeschlagen, und ein Grundphänomen weiblich-matriarchaler Psychologie wird sichtbar.

Von der matriarchalen Welt aus gesehen ist jede Hochzeit ein Raub der Kore, der Mädchenblüte, durch Hades, die vergewaltigende Erdseite des feindlich Männlichen. Jede Hochzeit ist für diesen Aspekt ein «Ausgesetztsein auf der höchsten Klippe des Berges» in tödlicher Einsamkeit und ein Warten auf das Mann-Ungeheuer, dem die Braut ausgeliefert wird. Die Verhüllung der Braut ist immer die Verhüllung des Mysteriums, und die Hochzeit als Todeshochzeit ist ein zentraler Archetyp weiblicher Mysterien.

Auch die Unheilshochzeit, die in unzähligen Mythen und Märchen als Darbringung des Mädchens an das Ungeheuer, den Drachen, Zauberer oder Unhold auftritt, ist für die Tiefenerfahrung des Weiblichen ein Hieros Gamos. Der Vergewaltigungscharakter, den das Geschehen für die Weiblichkeit annimmt, ist Ausdruck der für die matriarchale Phase charakteristischen Projektion des Feindlichen auf den Mann. Es ist ungenügend, z. B. die Mordtat der Danaiden, die – bis auf eine – ihre Männer in der Hochzeitsnacht töteten, als Widerstand des Weiblichen gegen die Ehe und die patriarchale Herrschaft des Mannes in ihr zu deuten. Fraglos ist diese Deutung richtig, aber sie gilt nur für die letzte Phase einer Entwicklung, die viel weiter zurückreicht.

Die Grundsituation des Weiblichen ist, wie an anderer Stelle ausgeführt wurde, die Urbeziehung, die Identitätsbeziehung der Tochter zur Mutter. Darum bedeutet die Annäherung des Männlichen immer und in jedem Fall: Trennungsschicksal, und immer ist die Hochzeit zwar ein Mysterium, aber auch ein Todesmysterium. Die Hochzeit ist – so will es der Wesensgegensatz von Männlichem und Weiblichem – für den Mann primär, wie das Matriarchat richtig erkannt hat: ein Raub, eine Aneignung, ja eine Vergewaltigung.

Wir müssen, wenn wir uns mit dieser mythologischen und psychologischen Tiefenschicht beschäftigen, die Entwicklung der Kultur und die Kulturierung der mann-weiblichen Beziehung vergessen und auf das Urphänomen der sexuellen mann-weiblichen Begegnung zurückgehen. Es ist unschwer zu erkennen, daß die Bedeutung dieser Begegnung für das Männliche und für das Weibliche von sehr verschiedenem Gewicht ist und notwendigerweise sein muß. Was für das Männliche Aggression, Sieg, Vergewaltigung und Lustbefriedigung ist – sehen wir die Tierwelt an und haben wir den Mut, diese Schicht auch für den Menschen anzuerkennen –, das ist für das Weibliche Schicksal, Wandlung und tiefstes Mysterium des Lebens.

Nicht zufällig ist das Zentralsymbol des Mädchentums die Blüte, die in ihrer Schönheit und Naturhaftigkeit das Entzücken des Menschen ist. Kerényi[1] hat in seiner Deutung der Persephone-Gestalt auf dieses Todesschicksal des Mädchens Kore und auf den schwebenden Sein-Nichtsein-Charakter auf der Hadesgrenze hingewiesen. Uns gilt es, diesen mythologischen Tatbestand psychologisch zu verdeutlichen. Höchst sinnvoll heißt der Vollzug der Hochzeit als Entjungferung eben «Defloration» – Entblütung. In diesem Akt ist für das Weibliche Ende und Nichtmehrsein und Anfang und überhaupt erst Wirklichsein in einer wahrhaft mysterienhaften Weise verbunden. Mädchentum, Frausein und Mutterwerdung in Einem zu erleben, und in diesem Übergang an die Tiefen seiner eigenen Existenz zu geraten, ist nur dem Weiblichen vergönnt und aufgegeben, wenigstens solange es dem archetypischen Hintergrundgeschehen des Lebens gegenüber offen ist. Aus gutem Grunde galt dieser Akt ursprünglich dem Männlichen als numinos und unheimlich. Er wurde deswegen an vielen Orten der Erde und zu allen Zeiten aus dem Privatlebensbezug herausgenommen und sakral vollzogen.

Wie entscheidend der Übergang vom Mädchen-Blüten- zum Frucht-Mutterdasein im Leben des Weiblichen ist, wird besonders deutlich, wenn wir uns vergegenwärtigen, wie schnell bei primitiven Lebensbedingungen der Alterungsprozeß der Frau vor sich geht, und wie schnell dort die Kräfte der kinderreichen Mütter durch die starke Arbeitsbelastung verbraucht werden. Die Schärfe des Übergangs vom Mädchen zur Frau wird überall da verstärkt, wo, wie häufig, ein ungebundenes Jugendleben von einem gesetzmäßig eingeschränkten Leben des Erwachsen- und Verheiratetseins abgelöst wird.

Wir haben hier den naheliegenden Einwand zu diskutieren, daß häufig von einer «Defloration» keine Rede sein kann, da die Sexualität reibungslos und unbetont von früh auf zu den Spielen schon der Kindheit gehört, und daß daher das Gewicht, das wir auf das Moment der «Hochzeit» zu legen scheinen, völlig übertrieben, wenn nicht sogar gänzlich deplaciert sei.

Es handelt sich für uns aber, wie wir schon betonten, bei der «Hochzeit» um einen Archetyp, respektive um eine archetypische Erfahrung, und nicht um einen nur physiologischen Vorgang. Die Erfahrung der Ur-Situation der Todeshochzeit kann zwar mit dem realen ersten Hochzeitsvollzug, der Defloration, zusammentreffen, muß es aber ebensowenig, wie dies z. B. bei der Erfahrung des «Gebärens» der Fall zu sein braucht. Daß unzählige Frauen die Hochzeit vollziehen oder den Geburtsakt vollbringen, ohne eine entsprechende «Erfahrung» zu machen, wie noch an der modernen Frau immer wieder mit Staunen zu beobachten ist, ändert nichts an dem Vorhandensein dieser Situation als Archetyp und als Kernfigur weiblich-seelischer Wirklichkeit. Der Mythos aber ist immer die unbewußte Selbstdarstellung derartiger für die Menschheit entscheidender Lebenssituationen, und er ist unter anderem für uns schon deswegen von Bedeutung, weil wir an seinen durch kein Bewußtsein getrübten Selbstaussagen den echten Erfahrungsbestand der Menschheit ablesen können.

In der Dichtung, die in ihrer höchsten Form von den gleichen kollektiven Urbildern belebt wird wie der Mythos, können Bilder und Formulierungen auftauchen, in denen die Aussagen des Mythos wiederkehren, und es gehört zu den beglückenden Bestätigungen einer mythologischen Deutung, wenn es sich erweist, daß in einer Dichtung der gleiche Urklang angeschlagen wird, der uns aus den Mythen entgegentönt.

Gerade dies aber ist in Rilkes Gedicht «Alkestis» geschehen, in dem er, weit über das Motiv der Gattenliebe zurückgreifend, die urtümliche Schicht der Todeshochzeit heraufruft. Die landläufige Erzählung berichtet, Admetos sei es vergönnt gewesen, seinen Tod durch den Tod eines anderen Menschen abzukaufen. Während aber, als seine Todesstunde gekommen war, Mutter, Vater und Freund zu dieser Tat nicht bereit gewesen seien, habe sein Weib Alkestis, die, wie Homer sagt, «göttliche der Frauen», das für seine Gattenliebe gefeierte Weib, den Tod für ihn willig auf sich genommen.

Die klassische Alkestis des patriarchalen Griechentums war die «gute Gattin» ebenso wie die um Osiris trauernde Isis Ägyptens, und ihr Tod, der auf den patriarchalen Gatten, welcher diesen Tod forderte und annahm, kein sehr gutes Licht wirft, kann höchstens dadurch verständlich gemacht werden, daß das Leben eines Mannes auch für Euripides als unendlich viel wertvoller gilt als das einer Frau.[2]

In Rilkes Gedicht aber geschieht anderes einfach dadurch, daß die mythologische Intuition des Dichters dieses Geschehen – auf den Tag der Hochzeit verlegt.

«... und das was kam, war sie
ein wenig kleiner fast, als er sie kannte,
und leicht und traurig in dem bleichen
    Brautkleid.
Die andern alle sind nur ihre Gasse,
durch die sie kommt und kommt –: (gleich
    wird sie da sein
in seinen Armen, die sich schmerzhaft auftun).
Doch wie er wartet, spricht sie; nicht zu ihm.
Sie spricht zum Gotte, und der Gott vernimmt sie,
und alle hören's gleichsam erst im Gotte:
Ersatz kann keiner für ihn sein. Ich bin's.
Ich bin Ersatz. Denn keiner ist zu Ende,

wie ich es bin. Was bleibt mir denn von dem,
was ich hier war? Das *ist's* ja, daß ich sterbe.
Hat sie dir's nicht gesagt, da sie dir's auftrug,
daß jenes Lager, das da drinnen wartet,
zur Unterwelt gehört? Ich nahm ja Abschied.
Abschied über Abschied.
Kein Sterbender nimmt mehr davon. Ich ging ja,
damit alles, unter dem begraben,
der jetzt mein Gatte ist, zergeht, sich auflöst –.
So führ mich hin, ich sterbe ja für ihn.

Zunächst mag es so scheinen, als ob die Deutung Rilkes will-
kürliche Umdeutung und dichterische Freiheit sei, aber dem
Betrachtenden offenbart sich hier wieder die tiefe Gesetzlich-
keit und sinnhafte Verwurzeltheit des Dichterischen in seiner
gebundenen und nicht willkürlichen Freiheit. Wenn die Forschung der Gegenwart feststellt, daß Alkestis eine Fülle von
Kulten genoß und ursprünglich eine Göttin war,[3] so läßt uns
das aufhorchen. Der volle Einklang aber zwischen der modernen Dichtung und dem Todes-Braut-Motiv des Mythos
klingt auf, wenn wir erfahren, daß diese Göttin Alkestis eine
Kore-Persephone ist, eine Unterwelt- und Todesgöttin, deren Gatte Admetos ursprünglich der unbezwingliche Hades
selber war,[4] und daß sie zum Bezirk der großen matriarchalen
Pheraia-Göttinnen gehört, die in der Vorzeit des Griechentums geherrscht haben. Erst in der Wandlung der Geschichte
wurde aus der Göttin Alkestis die «Heroine» und aus ihrem
Gottgemahl der sterbliche König Admetos, ein typisches Beispiel sekundärer Personalisierung, in der ursprünglich Archetypisches zu Personalem reduziert wird.

In dieser personalisierten Form der Überlieferung hatte fraglos auch Rilke den Mythos kennengelernt. Was aber tat er, oder besser, was geschah ihm? Alkestis verwandelt sich ihm zur Braut, mehr als das, sie verwandelt sich ihm zur Todesbraut, zu Kore-Persephone, und das Geschehen, das in ihr Platz greift, überspielt den personalen Umkreis, überspielt ihren Gatten, den König Admetos, und ereignet sich zwischen ihr – und dem Gott, dem Todesgott, das heißt aber dem Admetos der Unterwelt, ihrem ursprünglichen Gemahl.

So wird durch die Dichtung der mythologische, vom Wandel der Zeit überdeckte Tatbestand zurückgewonnen. Das Urbild in der Seele des Dichters schüttelt die zeitbedingte, durch den menschlichen Geschichtsprozeß ihm auferlegte Verkleidung ab und taucht aus dem Urquell des Mythos in seiner alten Gestalt neu auf.

Und wie um das Urmotiv von Tod und Mädchen auch noch von einer anderen Seite her auszusprechen, stellt Rilke es in einem Gedicht an Eurydike dar. Eurydike kommt vom Tode, sie soll von Orpheus der Oberwelt und dem Leben wiedergewonnen werden, aber sie gehört schon in ihrer Eigentlichkeit, ihrem Mädchentum, ihrer «Knospenhaftigkeit», wie Kerényi es formuliert hat, damit aber auch in ihrem unberührbaren «Insichsein» zur Vollkommenheit des Todes.

«Sie war in sich. Und ihr Gestorbensein
erfüllte sie wie Fülle.
Wie eine Frucht von Süßigkeit und Dunkel,
so war sie voll von ihrem großen Tode,
der also neu war, daß sie nichts begriff.

Sie war in einem neuen Mädchentum –
und unberührbar; ihr Geschlecht war zu
wie eine junge Blume gegen Abend,
und ihre Hände waren der Vermählung
so sehr entwöhnt, daß selbst des leichten Gottes
unendlich leise leitende Berührung
sie kränkte wie zu sehr Vertraulichkeit.

So reicht die archetypische Wirksamkeit der Todeshochzeit des Mädchens von der matriarchalen Vorzeit über das Ritualopfer des Mädchens und den rituellen Ehevollzug bis in die Moderne. Und auch im Psyche-Märchen steht die Todeshochzeit, obgleich sie zunächst als Rache der Aphrodite eingeführt wird, an zentraler Stelle.

Merkwürdig genug, und unverständlich zunächst, wenn man sein Augenmerk nur auf die Naivität und Ahnungslosigkeit des Psyche-Mädchens lenkt, antwortet Psyche in tiefem, unbewußtem Einklang mit dem Mysterium des Weiblichen, das sich dieser Todessituation gegenübersieht. Sie antwortete nicht mit Kampf, Protest, Flucht, Trotz und Widerstand, wie das ein männliches Ich in einer entsprechenden Situation hätte tun müssen, sondern mit dem Umgekehrten, mit dem Hinnehmen des Todesschicksals. In absoluter Hellsichtigkeit durchschaut sie den Hintergrund des Geschehens – nirgends sonst in der Ezählung ist angezeigt, daß dieses Hintergrundsgeschehen den Menschen offenbart wurde – und sagt: «Als Menschen und Völker mich mit göttlichen Ehren feierten, als sie einstimmigen Mundes mich ‹neue Aphrodite› benamsten, da hättet ihr euch peinen, da weinen, da mich als gleichsam schon Ausgetilgte betrauern müssen.» Wie selbstverständlich erkennt sie die Hybris und ihre Strafe – eine Hybris der Menschheit wohlgemerkt, nicht eine solche ihrer Person, ihres Ichs – und stellt sich zum Opfer bereit mit den seltsamen Worten der Schicksalsannahme, mit denen das Mädchen Psyche mit einem Male wirklich, auf einsamer Klippe ausgesetzt, den weinend trauernden Massen des Volkes und auch ihren eigenen Eltern enthoben ist:

«Ich eile, diese selig-unselige * Hochzeit zu leiden, ich eile, jenen meinen großedlen Gatten zu sehen. Warum soll ich den Kommenden fernhalten, warum mich ihm weigern, der zum Verderben des ganzen Erdkreises geboren ist?»

Es folgt nun das Umschlagen, die Überraschung, das, was zunächst am stärksten den Eindruck eines Märchenspiels vermittelt, die dritte Phase: Psyche im Paradies des Eros.
Der Vollzug dieser Hochzeit, die mit dem großen mythischen Gepränge der Todeshochzeit eingeleitet worden war, erfolgt im Rahmen eines Milieus, wie es uns viel später aus den Schilderungen von Tausendundeiner Nacht geläufig geworden ist. Mit rokokohafter Leichtigkeit wird alles angedeutet. «Und bei schon vorgeschrittener Nacht naht ein sanfter Ton ihren Ohren. Da fürchtet sie bei der großen Vereinsamung für ihre Jungfräulichkeit, und sie bangt und erstarrt und ängstigt sich vor einem Argen um so ärger, als sie nichts weiß. Und schon war der unerkennbare Gatte da und hatte den

---

* Da der lateinische Text, worauf mich Frau Professor Jung aufmerksam gemacht hat, hier «foelices», d. h. glückliche Hochzeit heißt, habe ich die Übersetzung in diesem Sinn ergänzt.

Pfühl bestiegen und sich Psyche zum Weibe gemacht und war vor Aufgang des Lichts eilig davongegangen.»

Und wenn es am Anfang heißt: «das erst Fremde gedieh ihr durch beständige Gewohnheit zum Ergötzen, und der Laut der ungewissen Stimme ward ihrer Einsamkeit Trost», heißt es bald danach schon: «‹Aber eher›, sprach sie, ‹sterbe ich hundertmal, als daß ich deine süßeste Beiwohnung entbehre. Denn ich liebe dich auch bis zum Sterben. Wer du auch bist; ich liebe dich gleich wie mein eigen Leben, ich stelle dich Eros selber nicht gleich›.» Und doch ist diese Verzückung des Paradieses, in dem sie stammelt: «Mein Honigsüßer, mein Gespons, süße Seele deiner Psyche» eine Verzückung der Dunkelheit. Sie geschieht im Nicht-Wissen und Nicht-Sehen, denn der Geliebte ist nur «mit Händen und Ohren ihr wahrnehmbar», aber Psyche ist dessen zufrieden – so scheint es, und verweilt im Glück des Paradieses.

Aber wie zu jedem Paradies eine Schlange gehört, so kann auch die paradiesische Nachtexistenz Psyches nicht auf die Dauer ungestört bleiben. Die Störung, die Schlange dieses Paradieses, verkörpert sich in den Schwestern, deren Einbruch zu der Katastrophe drängt, welche auch hier die Vertreibung aus einem Paradiese ist.

Es sieht zunächst so aus, als ob es sich um das einfache und bekannte «Märchenmotiv» der «neidischen Schwestern» handelt, aber Märchenmotive sind eben alles andere als «einfach» und pflegen sich bei näherem Hinsehen als etwas durchaus Vielschichtiges und Sinnvolles herauszustellen.

Entgegen der dringlichen Warnung des Eros kommt es zur Begegnung Psyches mit den Schwestern und damit zu deren Neid und zu ihrem Plan, Psyche ins Unglück zu stürzen. Der

Weg, der dazu führen soll, entspricht wieder einem allbekannten Motiv, denn nicht die Ermordung des Gatten ist der entscheidende Punkt, sondern daß Psyche überredet wird, das Tabu zu brechen und in das verbotene Geheimnis Licht zu bringen, hier also – den Gatten zu sehen. Denn das ist das Verbot, das der unbekannte Gemahl Psyche auferlegt hat; sie darf ihn nicht sehen, nicht wissen, «wer er ist». – Es ist das immer wiederkehrende «Nie sollst du mich befragen», das Gebot, das «verschlossene Zimmer» nicht zu betreten, dessen Verletzung Psyche den Untergang bringen soll.

Wie sind aber diese Schwestern charakterisiert, und was für eine Bedeutung haben sie im Gang der Psyche-Geschichte? Lassen wir die oberflächlichen personalen Märchenzüge beiseite, und versuchen wir, den tieferen Gehalt zu erkennen.

Die angeblich glücklich verheirateten Schwestern hassen ihre Männer aus tiefster Seele, soweit man bei diesen als Furien geschilderten Wesen von Seele sprechen kann, und sind sofort und bedingungslos bereit, sie zu verlassen. Jede befindet sich in einer Ehe, die ein gültiges Symbol patriarchaler Sklaverei ist, beide sind typische Beispiele für das, was wir «die Gefangenschaft des Weiblichen im Patriarchat» nennen. Sie sind «fremdländischen Gatten als Mägde übergeben», die eine hat einen Gatten, von dem sie sagt, er sei älter als ihr Vater, kahler als ein Kürbis und noch zwergichter als ein Knabe. Sie hat also bei ihm in jedem Sinn die Tochter zu spielen, während die andere bei ihrem Gatten die nicht weniger unangenehme Rolle «einer arbeitenden Ärztin» zu übernehmen hat. Beide Schwestern sind extrem männerfeindlich und repräsentieren, wie wir vorwegnehmend zusammenfassen können, eine typische Position des Matriarchats.

Diese These läßt sich unschwer belegen. Das augenfällige Motiv des Neides dürfen wir nicht als letzte und endgültige Position der Schwestern ansehen, obgleich es seinen Platz in der Interpretation der Gesamtsituation hat. Das deutlichste Symptom der männerfeindlichen Matriarchatshaltung der Schwestern ist ihre Charakterisierung von Psyches Gatten.

Wenn die Schwestern von «gefährlichen und ekligen Begattungen der giftigen Viper» sprechen und davon, daß die Bestie Psyche und Kind – denn Psyche ist inzwischen schwanger geworden – verschlingen wird, dann spricht hier mehr als der Sexualneid unbefriedigter Frauen. Ihre Denunziation – denn sie sprechen die Wahrheit denunziatorisch und mißverstehend – stammt aus dem Geschlechtsekel einer vergewaltigten und beleidigten Matriarchatspsychologie. Es gelingt den Schwestern, in Psyche selber diese männerfeindliche Matriarchats-Schicht des Unbewußten aufzurufen, so daß sie in den Konflikt gerät, der in den einfachen Worten formuliert wird: «Im selben Körper haßt sie die Bestie, liebt sie den Gemahl.» Um diese nun schon durchsichtige Beziehung zum Matriarchat und zu den ihre Männer mordenden Danaiden zu verstärken, tragen die Schwestern Psyche auf, ihrem unbekannten Gemahl nicht zu entfliehen, sondern ihn zu töten und ihm mit einem Messer den Kopf abzuschneiden, ein altbekanntes Symbol der – ins Geistige verschobenen – Kastration. Das feindlich Männliche, die Frau als Opfer der Mann-Bestie, Männermord und Kastration als Abwehr oder Herrschaftssymbole des Matriarchats – wie kommen sie zu Psyche, was sollen sie und was wollen sie im Mythos von Psyches Entwicklung?

Die Schwestern besitzen in der Mannfeindlichkeit ihrer matriarchalen Kräfte eine Aktivität, welche im stärksten Gegensatz steht zu der sanften Hingegebenheit und Ausgelöschtheit Psyches, die sich zu ihrer sexuellen Hörigkeit, denn nur um diese handelt es sich ja, Eros völlig ausgeliefert hat. In dieses Paradies der Lust, und als solches ist ihr Dasein mit Eros in aller Farbenfülle geschildert, bringt das Auftauchen der matriarchalen Schwestern eine erste Bewegung. In der Deutung repräsentieren die Schwesternfiguren, subjektstufig, die verdrängten oder überhaupt unbewußten matriarchalen Tendenzen in Psyche selber, deren Einbruch zum Konflikt in Psyche führt. D.h. psychologisch gehören die Schwestern zum «Schatten»-Bereich Psyches. Aber schon ihre Pluralität verrät, daß sie in transpersonale Schichten hinabreichen.

Das Auftauchen der Schwestern bringt erstmalig ein Stück Selbständigkeit in Psyches Beziehung zu Eros. Mit einemmal empfindet sie ihr Dasein mit Eros als «glückseligsten Kerker» und sehnt sich nach Menschen und menschlichem Umgang. Während sie bis dahin im Strom eines unbewußten Rausches dahintrieb, wird sie sich der Gespenstigkeit und Unwirklichkeit ihres Lust-Paradieses bewußt, und beginnt, ihrer Weiblichkeit im Kontakt zu ihrem Geliebten bewußt zu werden, indem sie ihm «Szenen» macht und mit «aphrodisischem Girren» den Umstrickenden umstrickt.

Wir müssen von der vordergrundhaften Schwesterintrige gänzlich absehen, um die wirkliche Funktion dieses Schwester-Schatten-Einbruches in seiner wahren Bedeutung verstehen zu können. Die Schwestern repräsentieren, so paradox es zunächst klingen mag, ein Stück weiblichen Bewußtseins, das Psyches ganze künftige Entwicklung bestimmt, und ohne welches sie nicht das wäre, was sie ist, weibliche Psyche. In der männerfeindlichen und männermörderischen Aufhetzung der matriarchalen Schwestern steckt – trotz ihrer negativen Form – ein echter Widerstand der weiblichen Natur gegen Psyches Situation und Haltung und der Ansatz zu einem höheren weiblichen Bewußtsein. Nicht etwa, daß die Schwestern dieses Bewußtsein repräsentieren, sie sind nur seine schattenhafte, das heißt negative Vorform. Aber wenn Psyche diese höhere Stufe zu erreichen imstande ist, so gelingt ihr das nur, weil sie sich zunächst der negativen matriarchalen Direktive der Schwestern unterstellt. Erst durch die Übertretung, erst durch den Bruch des Tabu, das Eros ihr auferlegt hat, das heißt erst dadurch, daß sie der Verführung der Schwestern folgt, gerät sie in den Konflikt zu Eros, der, wie wir zeigen werden, die Grundlage ihrer Eigenentwicklung ist. D. h. hier wie in der biblischen Paradiesgeschichte führt das Der-Schlange-Folgen zur Vertreibung aus dem Paradies und zu einem höheren Bewußtsein.

Ist denn nicht wirklich dieses Dasein im Lustparadies des Eros ein rauschhaftes, aber unwürdiges Dasein? Ist es nicht ein Zustand blinder, wenn auch hingerissener Hörigkeit, gegen den ein weibliches Selbstbewußtsein – und ein solches ist die matriarchale Haltung des Weiblichen – mit Recht protestieren muß, und gegen den es mit Recht alle die Vorwürfe erhebt, welche die Schwestern erheben. Psyches Dasein ist ein Nachtdasein, ein Sein im Dunkeln, eine Verzückung der Sinnlichkeit und der Überwältigung durch den Sexus, die ohne Zweifel als Verschlucktwerden von einem Dämon, einem Ungeheuer, geschildert werden kann. Eros als unsichtbares Faszinans ist ja wirklich all das auch, was das Orakel des Apollo von ihm ausgesagt hat, und worauf die Schwestern sich stützen, und Psyche ist wirklich sein Opfer.*

Wenn es zum Grundgesetz des Matriarchats gehört, daß die individuelle Beziehung zum Mann verboten und er nur als anonyme Macht, in Vertretung der Gottheit, zugelassen war, so ist diese Situation der Anonymität für Psyche zwar erfüllt, aber gleichzeitig ist ihr die tiefste und unauslöschliche Schande widerfahren, diesem Männlichen zu verfallen, das heißt in seine Macht und unter seine Herrschaft zu geraten. Für diese Schande gibt es vom Matriarchat aus nur eine Antwort: Tötung und Kastration des Männlichen, und das ist es, was die Schwestern von Psyche fordern. Daß sie aber damit nicht nur ein Stück Regression bringen, sondern daß hinter ihnen auch

---

* Psyches Dasein im Dunkelparadies des Eros ist eine interessante Variante des Verschlucktseins des Helden vom Walfisch-Drachen-Ungeheuer. Das Enthalten- und Gefangensein im Dunkeln wird hier zwar durch die Lustqualität dieses Zustandes verdeckt, aber auch diese Situation ist archetypisch und keineswegs eine Ausnahme. Die Gefahr des Verschlucktwerdens ist sehr oft durch die Verlockung, die das – regressive – Lustparadies bietet, getarnt, das, wie das Knusperhaus im Märchen von Hänsel und Gretel, das verschlingende Ungeheuer verbirgt – bei Psyche den Erosdrachen, im Märchen die Hexe. Wie in der Nachtmeerfahrt der männliche Sonnenheld im Bauch des Ungeheuers das Licht entzündet und sich dann aus dem Dunkel herausschneidet, ist auch Psyche bei ihrer Befreiung aus dem Dunkelgefängnis mit Licht und Messer versehen. Aber beim männlichen Sonnenmythos steht die feindlich-tötende Aktion des Helden im Vordergrund, die, auch wo sie Erkenntnis ist, ihr Objekt, den Drachen, umbringt und «zerlegt». In seiner weiblichen Variante aber bleibt diese Notwendigkeit zu erkennen verbunden mit der größeren Notwendigkeit, zu lieben. Auch da, wo die Psyche-Heldin zu verwunden gezwungen ist, tut sie dies in Bezogenheit und gibt es nicht auf, das Verwundete zu versöhnen und zu verwandeln.

ein höheres weibliches Prinzip lebendig ist, das Psyche an- und aufruft, wird durch die Symbolik deutlich, mit welcher der Mythos die unbewußte Situation Psyches im wahren Sinne des Wortes erhellt.

Psyche widersteht in ihrem Kampf mit Eros immer wieder seiner Aufforderung, die Beziehung zu den Schwestern abzubrechen; mit einer rätselhaften und ihrer anscheinenden Weichheit widersprechenden Hartnäckigkeit läßt sie sich durch keine noch so dringende Warnung daran hindern, die Verbindung mit ihnen aufrecht zu erhalten. Und in diesem Kampf spricht sie das aufschlußreiche Wort, das der Schlüssel zu ihrer inneren Situation ist: «Nicht frage ich weiter nach deinen Mienen, und nicht sind mir die nächtlichen Finsternisse mehr beschwerlich: ich halte dich ja, mein Licht!»

Gerade in dem Augenblick, in dem Psyche die Dunkelheit, das heißt aber Unbewußtheit ihrer Situation, anzunehmen scheint, und in anscheinend gänzlicher Selbstaufgabe ihres Eigenbewußtseins den unbekannten und unsichtbaren Geliebten als «mein Licht» anredet, bricht seltsam und überraschend ein bis dahin völlig unmerkbar gebliebenes Gefühl in ihrer Rede durch. Negierend spricht Psyche von der «Beschwerlichkeit» der Finsternisse und von einem Erkennen-Wollen des Geliebten. Sie beschwört ihre eigene Angst vor dem Kommenden und verrät ihre eigene Angst vor dem Kommenden und verrät ihre unbewußte Erkenntnis dessen, um was es geht. Sie war in Finsternis befangen und gefangen, und der Drang nach Licht und Mehr-Wissen ist unabweislich geworden. Sie ahnt aber auch, daß sich eine große Gefahr über ihrem Haupt zusammenballt. Darum gerade ist ihr beschwörender Satz, in dem sie die Wirklichkeit des Dunkels

84

dadurch wegzuschieben versucht, daß sie den Eros, den sie in ihren Armen hält, mit «mein Licht» anspricht, so rührend. Aber wenn es auch als letzte Wirklichkeit wahr ist, daß Eros das Licht ist, das ihr leuchtet und ihr durch alle Gefahren hindurch den Weg weist, dieser «ihr» wegweisender Eros ist nicht der Jüngling-Knabe, von dem sie im Dunkel umarmt wird, und der mit allen ihm zur Verfügung stehenden Mitteln sie abzuhalten versucht, das Dunkelparadies ihrer Liebe zu stören.

Psyche ist – wie der Fortgang der Geschichte aufs nachdrücklichste beweist – keineswegs nur «einfältig» und «sinneszart», sondern die Haltung der Schwestern, ihr Protest und ihre Feindschaft, entsprechen einer Position in Psyche selbst. Das, was sich matriarchalisch in ihr aufbäumt gegen die Unmöglichkeit der Situation, in der Eros sie gefangen hält, tritt ihr von außen in den Schwestern gegenüber und treibt sie zur Tat. Nur deswegen gerät Psyche in den Konflikt: «im selben Körper haßt sie die Bestie, liebt sie ihren Gemahl», und nur deswegen gelingt den Schwestern auch die Verführung. Psyche kennt nicht die «wirkliche Gestalt» des Eros, des Geliebten, und während bisher der Gegensatz Bestie–Geliebter zwar in ihrem Unbewußten vorhanden, aber eben nicht in ihr Bewußtsein gedrungen war, wird ihr durch die Schwestern der Aspekt des Ungeheuers und der Bestie ins Bewußtsein gebracht. Dadurch gerät Psyche in offenen Konflikt zu ihrer bewußten Liebesbeziehung, in der Eros nur ihr «Gemahl» war. Aus diesem Grunde ist es Psyche unmöglich, den bisherigen unbewußten Daseinszustand aufrecht zu halten. Sie muß die wirkliche Gestalt ihres Partners erkennen, und so bricht die Ambivalenz, der Gegensatz einer die Bestie hassen-

85

den und einer den Gemahl liebenden Psyche, nach außen durch und führt zu Psyches Tat.

Psyche nähert sich, mit Messer und Lampe bewaffnet, dem unbekannten Geliebten und erkennt ihn im Licht als Eros. Als erstes versucht Psyche, mit dem Messer, das zur Tötung des «Ungeheuers» bereit war, sich selber zu töten, was mißlingt. Als zweites verletzt sie sich, den Geliebten im Lichte beschauend, an seinem Pfeile, entbrennt in Begierde zu Eros, und während sie ihn küßt, springt ein Tropfen brennenden Öls aus der Lampe, verbrennt und verwundet Eros, der erwacht und, nachdem er gesehen, daß Psyche sein Gebot gebrochen hat, auffliegt und verschwindet.

Was geschieht Psyche, die, getrieben von den mannfeindlichen matriarchalen Kräften, mit Dolch und Lampe gerüstet, an das Bett tritt, um das vermeintliche Ungeheuer zu töten, und die nun – Eros erkennt. Wenn man diese Szene in ihrer mythischen Größe wiederherstellt, welche durch das zierliche Filigranwerk des Apuleius verkleinert und fast entstellt worden ist, dann spielt sich ein Drama von großer Tiefe und Gewalt vor uns ab, ein seelisches Wandlungsgeschehen von einzigartiger Bedeutung. Es ist die Erweckung Psyches als Psyche, der schicksalsmäßige Moment des Weiblichen, in dem es – erstmalig – aus dem Dunkel seines Unbewußten und der Härte seiner matriarchalen Gebundenheit hinaustritt und in individueller Begegnung mit dem Männlichen – liebt, d. h. Eros erkennt. Diese Liebe der Psyche ist aber von ganz besonderer Art, und erst wenn wir das Neue dieser Liebes-Situation begreifen, verstehen wir auch, was sie für die Entwicklung des Weiblichen bedeutet, das Psyche repräsentiert. Die an das Lager des Eros tretende Psyche ist nicht mehr das

schmelzend umstrickte und lustbetäubte Wesen, das im
dunklen Paradies der Sexualität und der Lust lebte, sondern,
aufgepeitscht vom Einbruch der Schwestern, tritt sie im Bewußtsein ihres Gefährdetseins und mit der ganzen grausamen
Wehrhaftigkeit des Matriarchats tötend an das Bett des Ungeheuers, der männlichen Bestie, die sie in der Todeshochzeit
der Oberwelt entrissen und ins Dunkel entführt hat. Aber in
der Helle des neu entzündeten Lichtes, mit dem sie das unbewußte Dunkel ihres bisherigen Daseins überstrahlt, erkennt
sie – Eros. Sie liebt. In dem Licht ihres neuen Bewußtseins erfährt sie in einem tödlichen Wandlungsgeschehen, daß die
Trennung zwischen Bestie und Gemahl nicht gültig ist. Im
Einschlagen des Blitzes der Liebe wendet sie das Messer gegen
das eigene Herz oder – anders – verwundet sich an dem Pfeil
des Eros. Damit verläßt sie den kindlich unbewußten ebenso
wie den matriarchal männerfeindlichen Bezirk ihrer Wirklichkeit. Nur in einem lichtlosen und dumpfen Dasein kann
Psyche den Geliebten als Bestie und vergewaltigenden Drachen mißverstehen, und nur als ein kindlich unwissendes, das
heißt aber wieder dunkles Wesen kann sie einen «höheren
Gemahl», abgetrennt vom unteren Drachen, zu lieben meinen. Im Licht der einbrechenden Liebe erkennt Psyche den
Liebhaber als Geliebten und Eros als Gott, der Oberes und
Unteres zugleich und in einem ist, und der beides miteinander verbindet.

Als Psyche sich am Pfeil des Eros selber schneidet und blutet,
heißt es: «So fiel die unwissende Psyche freiwillig in die Liebe
zum Liebesgott.» Während am Anfang die Todeshochzeit
steht als Sterben, Geraubt- und Genommen-werden, ist das,
was Psyche hier erfährt, gewissermaßen eine zweite Deflora-

tion, die eigentliche, aktive und freiwillige, die sie selber an sich vollzieht. Sie ist nun nicht mehr Opfer, sondern aktiv Liebende. Liebend und ergriffen von Eros, der sie als Macht von innen her ergriffen hat, nicht mehr als Mann von außen. Denn Eros als Mann außen schläft und weiß nichts von dem, was Psyche tut und was ihr geschieht. Und hier beginnt die Erzählung eine psychologische Genialität zu offenbaren, die ihresgleichen nicht hat.

Die Liebes-Tat Psyches, in der sie sich selber der Liebe, dem Eros, freiwillig hingibt, ist zugleich ein Opfer und ein Verlust. Nicht etwa, daß sie die matriarchale Stufe ihrer Weiblichkeit aufgibt, ist entscheidend, sondern das Paradoxe dieser Situation ist, daß sie gerade in dieser Liebestat und durch sie die matriarchale Stufe zu ihrer Eigentlichkeit führt und sie amazonisch erhöht.

Die wissende Psyche, die Eros bei vollem Licht sieht und das Tabu seiner Unsichtbarkeit gebrochen hat, steht dem Männlichen nicht mehr in der alten Naivität einer infantilen Weiblichkeit gegenüber, sie ist aber auch nicht nur ergreifend und ergriffen, sondern sie ist in ihrer neuen Weiblichkeit so ganz und gar verändert, daß sie den Geliebten verliert, ja daß sie ihn verlieren muß. Erkennen, Leiden und Opfern sind in dieser Liebessituation der in der Begegnung bewußt werdenden Weiblichkeit miteinander identisch. Mit Psyches Liebe, die aufbricht, als sie «Eros sieht», ist ein Eros in ihr entstanden, der nicht mehr mit dem schlafenden Eros draußen identisch ist. Dieser ihr innerer Eros als Bild ihrer Liebe ist in Wahrheit eine höhere und unsichtbare Gestalt dessen, der im Schlummer vor ihr liegt. Es ist der erwachsene Eros, der zu der bewußt gewordenen, erwachsenen und nicht mehr nur kindhaften Psyche gehört. Aber dieser unsichtbare und größere Eros Psyches muß notwendigerweise in Konflikt geraten mit seiner kleinen und sichtbaren Inkarnation, die vor ihrer Lampe seine Gestalt verrät und sich an ihrem Öltropfen verbrennt.

Während der im Dunkeln verborgene Eros noch die Verkörperung jedes in Psyche lebenden Erosbildes sein konnte, ist der sichtbar gewordene die göttlich-endliche Wirklichkeit des Knaben-Sohnes der Aphrodite.*

Denn, vergessen wir nicht, Eros selbst wollte eine solche Psyche nicht! Er warnte sie, er beschwor sie inständigst, im Paradies-Dunkel zu bleiben, und er drohte ihr, sie würde ihn durch die Tat endgültig verlieren. Die unbewußte Tendenz zum Bewußtsein – hier zum Bewußtsein in der Beziehung – war in Psyche stärker als alles andere, stärker sogar als ihre Liebe zu Eros – so hätte es wenigstens der männliche Eros formuliert. Aber zu Unrecht, denn die Psyche des Paradieszustandes war Eros zwar hörig, sie war ihm im Dunkel verfallen, aber sie hatte ihn nicht geliebt. Etwas in ihr, das negativ als matriarchale Aggression, positiv als Tendenz zum Bewußtsein und zur Bewußtwerdung gerade ihrer weiblichen Natur zu bezeichnen ist, drängte unabweisbar, aus dem Dunkel herauszutreten. Erst im Wissen, im Licht der Erkenntnis des Eros, liebt sie.

---

* Für Psyche aber gilt es gerade, die Doppelstruktur des Eros, deren Gegensätzlichkeit auch in den Eros-Anteros-Figuren sichtbar wird, zu einen und den unteren in den oberen Eros zu verwandeln. Dabei ist es interessant, daß schon der Ägyptische Zauberpapyros den doppelten Eros, den von Aphrodite und den von Psyche «τῆς Ἀφροδίτης καὶ τῆς Ψυχῆς Ἔρωτα» kennt.[5]

Der Verlust des Geliebten in diesem Augenblick gehört zu den tiefsten Wahrheiten dieses Mythos, er ist der tragische Punkt, an dem jede weibliche Seele in ihr eigenes Schicksal eintritt. Eros wird durch Psyches Tat verwundet, der Tropfen Öl, der ihn brennt, erweckt und davontreibt, ist von Schmerz durch und durch erfüllt. Ihm, dem Männlichen und Göttlichen, war die Geliebte köstlich genug, als sie im Dunkel war und er sie im Dunkel besaß, Genossin der Nacht, abgeschlossen von der Welt nur für ihn lebend und dabei ohne Anteil an seinem Tagesdasein, an seiner Wirklichkeit und an seiner Göttlichkeit. Und sie war ihm noch mehr verfallen, wurde noch mehr von ihm «gefressen» dadurch, daß er selber in seiner göttlichen Anonymität verharrte. Diese Kindliche «mit der angeborenen Einfalt und Zartheit des Geistes» – welch männliches Mißverstehen bei aller Wahrheit – nähert sich mit Messer und Lampe dem Schlafenden, um ihn zu töten, in einer Bereitschaft, ihn zu verlieren, die den männlichen Eros überall schmerzvoll brennen und verwunden muß.

Psyche tritt aus der Dunkelheit heraus und tritt ein in ihr Schicksal als Liebende, denn sie ist Psyche, das heißt, ihr Wesen ist ein Seelisches, dem das dunkle Paradiesdasein nicht genügt und nicht genügen kann.* Aber erst, indem Psyche Eros

---

* Es wiederholt sich hier auf neuer Ebene das matriarchale Handeln der Amazone, die ihre Weiblichkeit, die Brust, opfert, nicht nur um männlich den Kampf der Eigenständigkeit mit dem Männlichen aufzunehmen, sondern um zugleich auch mit diesem Opfer die große Herrin des Matriarchats zu verstärken. (Die ephesische Artemis trägt ja als «vielbrüstige» einen Umhang mit Brüsten, welche die Symbole der amazonisch geopferten Brüste sind, wenn nicht diese selber.)[6]

nicht nur als den dunkel Umstrickenden erfährt, sondern ihn sieht – er sah sie ja immer –, begegnet sie ihm wirklich, und da, gerade in diesem Moment des Verlustes und der Entfremdung – liebt sie ihn und erkennt Eros bewußt.

Damit vollzieht sie auf höherer Ebene und in dem vollen Recht ihres menschlichen Anspruchs auf Bewußtsein die matriarchale Opferung des Geliebten. Indem sie sich mit dem Dolch und der Lampe, die sie statt der Fackel Hekates und der anderen matriarchalen Göttinnen trägt, von der Gebundenheit an sein Gebot freimacht und so ihn und ihre Gebundenheit an ihn überwindet, hat Eros seine göttliche Übermacht über sie verloren. Psyche und Eros stehen sich als gleich gegenüber. Aber gegenüber heißt immer, sie sind voneinander getrennt. Die uroborische Ursprungseinheit des im Dunkeln miteinander Verschlungenseins ist aufgehoben, und Leiden, Schuld und Einsamkeit sind mit der Heldentat Psyches in die Welt gekommen. Denn die Tat Psyches entspricht der Tat des Helden, der die Ureltern trennt, um das Bewußtseinslicht zu bringen, wobei hier die uroborisch miteinander vereinigten Ureltern Psyche und Eros selber während ihres Daseins im Dunkel-Paradies sind.

Nur anscheinend aber handelt es sich bei Psyches Tat um eine «männliche» Tat, die der des Helden gleicht. Das entscheidend und grundsätzlich Andere ist: sie entspricht zwar dem notwendig sich entwickelnden Bewußtsein, aber sie ist keine Tat des Tötens, denn gerade in ihr – entsteht Psyches Liebe. Und während das Männliche von der tötenden Heldentat zur Eroberung der Welt fortschreitet und der Hieros Gamos mit der gewonnenen Anima nur einen Teil seines Sieges bildet,[7] ist die weitere Entwicklung Psyches nichts anderes als der Versuch, durch Leiden und Kampf die mit der Tat gesetzte Trennung wieder zu überwinden. Auf einer neuen Stufe, d.h. in Liebe und in vollem Bewußtsein, will sie sich mit dem von ihr Getrennten wieder verbinden und in einer neuen Vereinigung zur Ganzheit bringen, was in notwendiger und schicksalhafter Weise hatte geopfert werden müssen. So setzt mit der Tat Psyches eine Entwicklung ein, die nicht nur Psyche, sondern zwangsläufig mit ihr zusammen auch Eros ergreift.

Eros wurde, wie er selber erzählt, gleich am Beginn von seinem eigenen Pfeil getroffen, das heißt, er liebte Psyche von Anfang an, während Psyche, die sich erst bei ihrer Tat verwundet, von diesem Augenblick an Eros liebt. Aber das, was Eros «seine Liebe» nennt, und wie er sie leben wollte, steht im Gegensatz zu Psyche und ihrer Tat. Durch Psyches Mut zu ihrer Eigenentwicklung, damit, daß sie bereit ist, ihn zu opfern, um ihn zu erkennen, vertreibt sie Eros und sich selber aus dem Paradies uroborischen Unbewußtseins. Erst durch Psyches Tat erleidet Eros die Folgen des Liebeschusses, den er selber auf sich abgegeben hat.[*]

In diesen Zusammenhang gehört ein Hinweis auf die Symbolik des glühenden Öltropfens, der Eros verbrennt, und von dem es heißt: «Du schlimmer Diener der Liebe, der du den Gott des ganzen Feuers selbst anbrennst.» Das Leidbringende ist hier nicht die schneidende Waffe – wie der Pfeil – sondern etwas, das dem Licht und Erkenntnis bringenden Prinzip, der

---

[*] Daß hier die Entwicklung der mythischen Figur des Eros, der ursprünglich weniger und mehr war als ein echter Gott, konsequent weitergeführt wird, soll uns nicht beschäftigen.

Lampe, als Nahrung dient. Das Öl als Essenz des Pflanzlichen, als Essenz der Erde, mit dem deswegen auch der Erdherr, der König, gesalbt wird, ist ein weit verbreitetes Symbol. Hier aber handelt es sich darum, daß es die Basis des Lichtes ist. Dazu aber muß es glühend werden und entbrennen. Die Entwicklung der Hitze, des Feuers der Leidenschaft, des affektiven Entzündet-, Entbrannt- und Entflammtseins ist auch im Psychischen immer wieder die Basis der Erleuchtung, d. h. eines erleuchteten Bewußtseins, das aus dem Entflammtsein der Grundstoffe aufsteigt und es überhöht.

Während Psyche in ihrer Tat zur Erleuchtung, zum Bewußtsein des Eros und ihrer Liebe kommt, wird Eros durch die Liebes- und Trennungstat Psyches nur verwundet, in keiner Weise aber erleuchtet. Nur der eine Teil des notwendigen Prozesses, das Glühendwerden der Grundsubstanz und das von ihr Verbranntwerden, vollzieht sich an ihm. Ihn erfaßt der Schmerz des Affektes, und er gerät durch Psyches Tat vom Rausch seligen miteinander Verbundenseins in die Pein einer Leidensbeziehung. Aber diese Wandlung ist unfreiwillig, und er erfährt sie passiv.

Götter, wenn sie Sterbliche lieben, erfahren nur Lust und Genuß. Das Leiden war von jeher dem sterblichen Teil überlassen, dem Menschen, der meist an dieser Begegnung zugrundeging, während der göttliche Partner lächelnd zu neuen für die Menschen schicksalshaften Abenteuern weiterschritt. Hier aber ist es anders, denn Psyche greift ein, dieses trotz aller Individualität mythische Symbol der menschlich-weiblichen Seele.

Eros war, wie wir anfangs gesehen hatten, ein Knabe, ein Jüngling, ein Sohngeliebter seiner großen Mutter. Er umging das Gebot Aphrodites und liebte Psyche, statt sie unglücklich zu machen – aber umging er denn ihr Gebot, machte er sie nicht doch unglücklich, zwang er sie nicht in die Ehe mit einem Ungeheuer, einem «äußersten Menschen», trotz alledem? In jedem Fall war es für ihn keine Befreiung von der Mutter-Göttin, sondern nur ein heimliches sie Hintergehen. Denn nach dem Willen des Eros sollte sich ja alles im Dunkel und in Heimlichkeit vollziehen, verborgen vor den Augen der Göttin. Seine Beziehung zu Psyche war geplant als einer der vielen Seitensprünge griechischer Götter, die das Licht der Öffentlichkeit scheuen, wobei die Öffentlichkeit charakteristischerweise immer durch die weiblichen Gottheiten repräsentiert wird.

Diese Situation mit all den Annehmlichkeiten, die sie für Eros hat, wird durch Psyche zerstört. Psyche löst die participation mystique mit ihrem Partner und stürzt sich und ihn in das Trennungsschicksal des Bewußtseins. Liebe als Ausdruck weiblicher Ganzheit ist nicht im Dunkeln, nicht als nur unbewußter Prozeß, möglich; die echte Begegnung mit einem Gegenüber schließt das Bewußtsein, damit aber auch den Aspekt des Leidens und der Trennung, mit ein.

So führt diese Tat zu all den Schmerzen der Individuation, in denen sich eine Persönlichkeit dem Partner gegenüber als anders, d. h. als nicht nur mit ihm verbunden, erfährt. Psyche verwundet sich und verwundet Eros, es sind die zusammengehörigen Wundstellen, an denen die ursprüngliche, unbewußte Verbindung gelöst worden ist. Aber erst mit dieser doppelten Verwundung entsteht die Liebe, deren Sinn es ist, das Getrennte wieder zusammenzuführen, erst mit ihr entsteht die Möglichkeit einer Begegnung, der Voraussetzung für die Liebe zweier Individualitäten. Es wiederholt sich im Individuellen, was im Symposion Platos als mythischer Ursprung der Liebe dargestellt wurde: die Trennung des Vereinten und die Liebe als Sehnsucht, das Getrennte wieder neu zu vereinigen.

So heißt es bei Bachofen:[8] «Die das Zerschnittene wieder zusammenführende Gewalt ist jener aus dem Ei geborene Gott, den die orphischen Lehren Metis, Phanes, Ericopaeus, Protogonos, Herakles, Thronos, Eros, die Lesbier Enorides, die Ägypter Osiris nennen...» Während aber dort immer das Weibliche das Ei und das Enthaltende, das Männliche das Geborene und das die Ureinheit Trennende ist, ist es hier gerade umgekehrt. Eros, der Eros Aphrodites, hält Psyche im Eidunkel der Umschlingung gefangen, und Psyche teilt mit Messer und Lampe dieses vollkommene Sein des Anfangs, um dann mit ihren Taten und Leiden die ursprüngliche Einheit auf himmlischer Ebene neu wiederherzustellen.

Mit Psyches Tat endet in der Welt des Archetypischen das mythische Zeitalter, in dem die Beziehung zwischen den Geschlechtern nur von der Übergewalt der Götter abhing, der die Menschen schicksalsmäßig anheimgegeben waren, und es beginnt das Zeitalter der menschlichen Liebesbeziehung, in der die menschliche Psyche bewußt die Schicksalsentscheidung an sich und auf sich nimmt.

Damit aber treten wir in die Diskussion des Phänomens ein, welches das Hintergrundsgeschehen dieses Mythos ausmacht, nämlich die Auseinandersetzung zwischen Psyche, als der «neuen Aphrodite», und Aphrodite als der Großen Mutter. Begonnen hatte dieser Wettstreit damit, daß die Menschen im Anschauen der Schönheit Psyches den Kult und die Tem-

pel Aphrodites vernachlässigt hatten. Schon dieses reine Anschauen der Schönheit steht im Gegensatz zu dem Prinzip,
das Aphrodite darstellt. Auch Aphrodite ist schön und vertritt die Schönheit, aber ihre Schönheit ist nur ein Mittel zum
Zweck. Der Zweck ist anscheinend die Lust und der Rausch
des Sexus, in Wirklichkeit aber – die Fruchtbarkeit. Aphrodite ist die Große Mutter, der «anfängliche Ursprung der Elemente», deren zorniges Sichverbergen, wie das der babyloni-
schen Ischtar und der griechischen Demeter, die Welt in Un-
fruchtbarkeit erstarren läßt. «Nachdem die Herrin Ischtar
hinabgestiegen, bespringt der Stier nicht mehr die Kuh, beugt
sich der Esel nicht mehr über die Eselin, beugt sich der Mann
nicht mehr über das Weib in der Gasse: Es schlief der Mann
an seiner Stätte, es schlief das Weib für sich allein.»[9]
Wenn Kerényi sagt:[10] «Aphrodite ist ebensowenig eine
Fruchtbarkeitsgöttin wie Demeter oder Hera», so legt er damit den Terminus «Fruchtbarkeitsgöttin» erst negativ fest,
um ihn dann abzulehnen. Alle drei sind aber als «anfänglicher
Ursprung der Elemente» Aspekte der Großen Mutter, deren
matriarchale Macht darin besteht, Schöpferin des Lebens und
der Fruchtbarkeit des Lebendigen zu sein; denn von daher,
und von daher allein, bezieht sie ihre ursprüngliche Würde,
als Königin den König kraft ihrer Verbindung mit ihm mit
der Herrschaft zu belehnen. Darum ist Aphrodite, obgleich
sie als Göttin auch einen ewigen Seinsbezirk darstellt, doch
nur *ein* Aspekt des Archetyps der Großen Mutter. Die Schön-
heits-, Verlockungs- und Lustqualität Aphrodites ist himmlisches Spiel in eben dem Sinne, wie die Farbigkeit der Blüte,
welche trotz alledem und über ihr Schönsein hinaus dem ur-
mütterlichen Sinn der Spezies dient. Daß allerdings das von

Aphrodite und Eros repräsentierte Bündnis auch die Schönheit und Anmut menschlicher Beziehungen umfaßt, verraten die Worte der Möwe, die Welt sei aufgebracht, «weil Eros zur Hurerei im Gebirge, du aber zum Schwimmen im Meere euch hinwegbegeben habt und es deswegen keine Wonne mehr und kein Wohlgefallen und keine Anmut mehr gibt, sondern alles roh ist und wildwüchsig und scheußlich, und es keine Ehebündnisse mehr gibt, noch Freundschaftsbünde, noch Liebe der Kinder, sondern nur einen enormen Morast und widrigen Ekel schmutziger Verbindungen».

Eine deutlichere Sprache aber sprechen, als Aphrodite über Eros' Liebe rast, Hera und Demeter: «Wer aber der Götter, wer der Menschen wird leiden, daß du weit und breit die Begierden unter die Völker säest, wenn du deine Angehörigen hinderst, ihre Lieben zu lieben, und die öffentliche Werkstatt der weiblichen Laster schließest!» Erregung der «Begierde» und Herrschaft über die «öffentliche Werkstatt der weiblichen Laster» sind aphroditische Attribute der Großen Mutter, und wie sehr die «alte» Aphrodite gerade noch diesen Aspekt vertritt, geht am deutlichsten aus ihrer Auseinandersetzung mit Psyche hervor.

Aphrodites Empörung setzt ein, als in dem Menschenbereich, dessen Sinn es zu sein hätte, ihr zu dienen, die Macht ihrer Gottheit zu feiern und ihr Werk zu tun – als in diesem Bereich «erdenen Schmutzes» ein Sinnloses geschieht, nämlich die Verehrung der «neuen Aphrodite» in reinem Anschauen. Helena ist noch ihre echte Dienerin und Gefolgsmannin, denn sie erregt Begierde und führt zum Kriege, der schicksalsmächtigen Bewegung männlichen Heldentums, das Aphrodite in Mars liebt. Denn des Mars phallische Kraft ist dem Orgiasmus des Blutes verbunden und von jeher dem des Sexus wesensverwandt. In Helena wie in Aphrodite erfüllen sich immer neu die unheilvollen Mischungen von Entzückung, Zauber und Untergang, welche zum Faszinans der Großen Mutter gehören, die eben auch Schicksals- und Todesmutter ist. Was aber ist Psyche, diese «neue Aphrodite», die schön ist und die vom Menschlichen nicht begehrt, sondern, obgleich sie menschlich ist, anschauend verehrt wird wie eine Göttin, darüber hinaus aber vom göttlichen Eros begehrt wird?

Psyche greift in den Bezirk der Götter ein und schafft eine neue Welt. Mit ihrer Tat tritt das Weibliche als ein Menschlich-Seelisches in Gegensatz zur göttlichen Großen Mutter und zu ihrem Fruchtbarkeitsaspekt, dem das matriarchal weibliche Dasein sich unterstellt hatte. Aber Psyche wendet sich nicht nur gegen die Große Mutter, gegen Aphrodite, die großmächtige Beherrscherin des weiblichen Daseins, sondern auch gegen ihren männlichen Geliebten, gegen Eros. Welch schlechten Stand hat die menschliche Psyche in dieser Auseinandersetzung mit den Göttern und Mächten! Wie vollkommen verloren scheint ihre Situation, in der sich das weiblich-menschliche Lebensprinzip gegen ein göttlich-archetypisches zu setzen erkühnt!

Sie verzichtet auf alles im Selbstopfer ihrer Tat und tritt in die Einsamkeit einer Liebe, in der sie auf die Attraktion ihrer Schönheit, die zum Sexus und zur Fruchtbarkeit führt, unbewußt-bewußt verzichtet. In dem Augenblick, wo sie Eros im Licht sieht, setzt Psyche das Liebesprinzip der Begegnung und der Individuation neben das der faszinierenden Attraktion und der Fruchtbarkeit der Spezies.

In diesem Zusammenhang wird auch die mythologische «Vorgeschichte» verständlich, nach der Aphrodite aus der Vereinigung des zeugenden Himmels mit dem Meere, die «neue» Aphrodite, Psyche, aus der mit der Erde entsteht. Während das Meer die ganze Anonymität in sich birgt, welche für das kollektive Unbewußte charakteristisch ist, stellt die Erde symbolisch die höhere «irdische» Form dar. D. h. in Aphrodite wirkt die Verbindung der anonymen Kräfte des Oben und Unten, was sich darin ausdrückt, daß sie als allgemeine und anonyme Macht Männliches und Weibliches miteinander vereinigt. Mit Psyche ist eine irdisch-menschliche Verwirklichung des gleichen aphrodisischen Prinzips auf höherer Ebene in die Welt gekommen. Irdisch-menschlich heißt aber einmalig im Sinne des Prinzips der Individualität und – letztlich – der Individuation. Über das stofflich-seelische Liebesprinzip, das Aphrodite als Herrin der sich anziehenden Gegensätze vertritt, erhebt sich das Liebesprinzip Psyches, das mit dieser Anziehung Erkenntnis, Bewußtwerdung und psychische Weiterentwicklung verbindet. D. h. mit Psyche tritt ein neues Liebesprinzip auf, in dem die Begegnung des Weiblichen mit dem Männlichen als Grundlage der Individuation sichtbar wird. Während für Aphrodite als Naturprinzip die Vereinigung des Weiblichen mit dem Männlichen bei den Menschen nicht wesensmäßig verschieden ist von der bei den Tieren, von den Schlangen und Wölfen bis zu den Tauben, ist die Psyche-Eros-Beziehung, nachdem sie durch Psyches Tat diese Stufe überwunden hat, die Psychologie der Begegnung, in der ein in seiner Einmaligkeit Liebendes durch diese Liebe, die Leiden und Trennung einschließt, zu seiner Daseinsverwirklichung gelangt.

Erstmalig erhebt sich die individuelle Liebe Psyches in my-
thologischem Aufruhr gegen das kollektive Prinzip des Ge-
nusses und des Rausches, das Aphrodite vertritt. Die arme
Psyche hat sich, so paradox das klingen mag, ihren Geliebten
erst zu erobern, ja, ihn erst zu entwickeln. Aus dem Sohngeliebten muß ein Liebhaber werden, und Eros muß erst aus
dem transpersonalen Herrschaftsbezirk der Großen Mutter in
den persönlichen Bezirk der menschlichen Psyche hinüberge-
rettet werden. Das heißt, es muß sich herausstellen, ob Psyche
stärker ist als Aphrodite, und ob es Psyche gelingt, Eros für
sich zu gewinnen.

In dieser Situation regrediert Aphrodite zur bösen Mutter,
zur Stiefmutter des Märchens und zur Hexe. Empört schreit
sie Eros an, er trete die Vorschriften «seiner Mutter, vielmehr
Herrin» mit Füßen, statt die «Feindin mit schmutziger Liebschaft» zu martern. Sie entpuppt sich als «furchtbare Mutter»,
wie sie grotesker in keinem Lehrbuch der Psychologie beschrieben werden könnte, und zieht alle Register empörter
Mütter auf, die den im Inzest festgehaltenen Sohn an eine
Schwiegertochter zu verlieren fürchten. Der Gipfel ihrer
Beschimpfung ist, daß sie Eros als «Muttermörder» bezeichnet, wobei man sich daran erinnern muß, daß sie anfangs, als
es galt, Psyche zu verderben, diesen Sohn «bei den Banden der
mütterlichen Liebe» angefleht und «mit lechzenden Küssen
lange an sich gedrückt und geküßt hatte». Natürlich beruft
sie sich darauf, daß dieser Sohn alles ihr und nur ihr verdanke,
schwört, sich einen anderen Sohn anzuschaffen, und – wie
irdisch bekannt klingt dem Psychologen der Ton, wenn sie
kurz darauf in ihrer Eifersucht und Eitelkeit schreit: «Glücklich wahrhaftig ich, die ich in der Blüte meiner Jahre Groß-

mutter genannt werde, und der Sohn dieser Magd wird Enkel der Aphrodite heißen.»

Warum aber, wird man mit Recht fragen, regrediert Aphrodite zur bösen und nicht zur Großen Mutter, warum setzen sich alle personalistischen Züge des Familienromans durch, statt, wie man hätte erwarten können, die mythologischen Züge der Großen Mutter?

Im Märchen herrscht durchgängig das Prinzip der «sekundären Personalisierung»,[11] nach dem im Laufe der Bewußtseins-Entwicklung früher transpersonale und archetypische Erscheinungen personal und im Rahmen der Geschichte eines Ich, einer menschlichen Lebenssituation, auftreten. Für die Stellung des Psyche-Märchens in dieser Entwicklung ist es wichtig, daß die menschliche Psyche als handelndes Ich dem Transpersonalen gegenüberzutreten wagt und es auch vermag. Diese gesteigerte Position der menschlichen – hier der weiblichen – Persönlichkeit führt aber eben auch dazu, daß das früher Übermächtige weniger mächtig und ohnmächtig erscheint. Wenn die Psyche-Erzählung mit der Vergöttlichung der menschlichen Psyche endet, so entspricht dem umgekehrt ein Menschlichwerden der göttlichen Aphrodite, ebenso wie erst das Menschlichwerden eines Eros, der leidet, den Weg zur Vereinigung mit der menschlichen Psyche öffnet.

Als Aphrodite offenbar wird, daß das ihr bis dahin untergeordnete Männliche, ihr Sohn, seine Funktion als Sohngeliebter, Werkzeug und Gefolgsmann durchbricht und sich als Liebender selbständig gemacht hat, kommt es zum Konflikt innerhalb der weiblichen Sphäre und zu einer neuen Phase in der Entwicklung des Eros. Das menschlich Weibliche, Psyche, stellt sich gegen die große Mutter, die bis dahin zusammen mit ihrem Sohn das menschliche Liebesgeschehen schicksalhaft bestimmt hatte. Indem Psyche die Freiheit des weiblichen Liebesbewußtseins in der Selbständigkeit der Begegnung etabliert, verwirft sie die lichtlose Liebe im Dunkel, die in Rausch, Lust, Anonymität und Fruchtbarkeit das Lebendige beherrscht hatte. Sie verwirft mit Aphrodite aber auch einen Eros, der Aphrodites Herrschaft fürchtet und sie höchstens heimlich umgeht, sich aber nicht in voller Selbständigkeit neben seine Geliebte zu stellen wagt. Damit, daß Psyche Aphrodite *und* Eros verwirft, gerät sie, ohne es zu wollen und zu wissen, in eine Form des weiblichen Heldenkampfes, der ein neues menschliches Zeitalter heraufführt.

In ihrem Zorn wendet sich Aphrodite an Demeter und Hera, die sich aber ebensowenig auf ihre Seite stellen, wie sie bereit sind, Psyche beizustehen, die sie um Hilfe anfleht. Sie bleiben neutral in dem Kampfe, der in der Domäne der Weiblichkeit, welcher sie selber angehören, entbrannt ist. Ureigentlich gehören sie zu Aphrodite, und ihre Dreiheit steht gegen Psyche, aber die Furcht vor Eros hält sie zurück.

Als Psyche ihre Flucht vor Aphrodite, die eigentlich eine Suche nach Eros ist, abbricht und sich Aphrodite ausliefert, ist sie auf den «gewissen Untergang vorbereitet».

Im Zentrum des Planes, Psyche zu vernichten, stehen vier Aufgaben, die Aphrodite ihr stellt. Indem Psyche diese vier merkwürdigen Aufgaben löst und im Dienst Aphrodites die «schweren Werke» leistet, wird sie zu einem weiblichen Herakles; die Schwiegermutter spielt bei ihr die gleiche Rolle, die bei Herakles die Stiefmutter übernommen hatte. In beiden Fällen bestimmt die Gestalt der bösen Mutter das Schicksal, in beiden Fällen aber führt dieses Schicksal zu einem Heldenweg und zu «rühmlichen» Taten. Für uns ist wesentlich, daß und wie sich dabei der Weg des Weiblichen von dem des Männlichen unterscheidet.

Die Aufgaben, die Psyche von Aphrodite gestellt werden, scheinen zunächst ohne Sinn und ohne Ordnung. Die Deutung aber, die uns das Verständnis der Symbolik des Unbewußten ermöglicht, zeigt überraschenderweise das Umgekehrte. *

Die erste Aufgabe, einen Berg aus Gerste, Hirse, Mohn, Erbsen, Linsen und Bohnen bis zum Abend auseinanderzusortieren, ist uns aus dem Aschenputtelmärchen und vielen anderen Märchen [12] bekannt. Die zynische Bemerkung Aphrodites zu der schwangeren Psyche: «Du scheinst mir nämlich, du ungestalte Dienstmagd, deine Liebhaber auf keine andere Weise, sondern nur durch fleißiges Arbeiten zu erwerben; auch werde ich selbst auf diese Art deine Frucht gefährden», ist eines Marktweibes würdig und – vom Menschen gesehen – der Ausdruck einer kaum zu übertreffenden Roheit und Gemeinheit.

---

* Unsere Deutung der Taten Psyches ist das Ergebnis einer Kollektivarbeit. Sie geschah im Rahmen eines Seminars in Tel-Aviv, in dem vom Verfasser die «Psychologie des Weiblichen», zu der das Psyche-Kapitel gehört, vorgelegt wurde. Wertvolle Ergänzungen erfuhr diese Deutung dann noch durch die Teilnehmer eines Kurses über das Psyche-Märchen im C. G. Jung-Institut Zürich.

Ich möchte an dieser Stelle den Teilnehmern, durch deren Mitarbeit die Interpretation dieses mir selber zunächst unzusammenhängend scheinenden Abschnitts möglich geworden ist, danken, ebenso wie Herrn und Frau Professor Jung, von denen ich einige Anmerkungen zu meinem Manuskript berücksichtigen durfte.

Wir erwähnen dies nicht, um uns moralisch zu entrüsten, sondern weil wir in diesen von der Schilderung betonten Zügen die Tiefe der Auseinandersetzung spüren können, um die es hier geht. Nicht die Charakterisierung einer Abscheu erregenden Weiblichkeit, sondern der Haß einer in ihrem Wesen bedrohten Göttin und Herrscherin ist das, was uns dabei interessiert.

Die Aufgabe, die Psyche gestellt und deren Lösung offenbar von Aphrodite für unmöglich gehalten wird, ist die der Ordnung und Trennung eines völligen Durcheinandergemischtseins von Samen. Dieser Haufen ist zunächst das Symbol einer uroborischen Mischung des Männlichen, d. h. einer Promiskuität, die für das Bachofensche Sumpfstadium typisch ist. *
Und was nun kommt und hilft, sind nicht die Tauben, die Tiere Aphrodites, die lange Zeitläufe später Aschenputtel zu Hilfe eilen, sondern die Ameisen, das Volk der Myrmidonen, die «behenden Zöglinge der Allmutter Erde».

Was bedeutet es, daß es Psyche mit Hilfe der Ameisen gelingt, die männliche Promiskuität zu ordnen? Kerényi [13] hat auf den Urmenschencharakter der erdgeborenen Ameisenvölker hingewiesen und auf ihren Zusammenhang mit dem Autochthonentum, das heißt mit der Geburt des Lebendigen und besonders des Menschen aus der Erde.

Die hilfreichen Tiere sind hier, wie immer, Symbole der Instinktwelt, und wenn wir die Ameisen aus den Träumen als Symbol kennen, das dem «vegetativen» Nervensystem zuge-

---

* Der «Hetärismus» Bachofens ist als eine psychische Schicht und Phase zu verstehen, nämlich als die der uroborischen Phase der Identitätsbeziehung, nicht als eine historische oder soziale Gegebenheit.

ordnet ist, so wird verständlicher, warum sie als chthonische Mächte, als Erdgeborene, imstande sind, die männlichen Erdsamen zu ordnen. Psyche stellt der Promiskuität Aphrodites ein instinktives Ordnungsprinzip gegenüber. Während Aphrodite an der Fruchtbarkeit der Sumpfstufe festhält, die auch durch Eros in Gestalt des Drachens, des phallischen Schlangenungeheuers, repräsentiert wird, besitzt Psyche ein unbewußtes Prinzip in sich, mit dem sie wählend, sondernd, zuordnend und wertend sich in dem Durcheinander des Männlichen zurechtfindet. Im Gegensatz zu der matriarchalen Position Aphrodites, für die das Männliche anonym ist – und wie z. B. die Ischtarfeiern und viele Mysterien beweisen, prinzipiell anonym sein soll –, befindet sich Psyche bereits bei der Lösung der ersten Aufgabe im Stadium einer wählenden Bezogenheit. Schon auf dieser dunklen Stufe steht ihr ein ordnender Instinkt zur Seite, der mit dem «Licht der Natur» ihre Situation erhellt.

In diesem Sinne ist auch die Aufgabe der Aussonderung noch allgemeiner zu formulieren. Der durcheinandergemischte Haufen von Keimen, Früchten und Kernen, der Psyche von Aphrodite als Aufgabe zugeteilt wird, ist zugleich das Ungeordnet-Chaotische fruchthafter Anlagen und Möglichkeiten, das im Weiblichen, so wie es Aphrodite versteht, vorhanden ist. Erst durch Psyches aussondernde Tat wird es geordnet und so überhaupt verwendbar und verwertbar. Schon hier wirkt in Psyche ein erdhaft unbewußtes Geistprinzip, das für sie arbeitet und ihr den ungeordneten Stoff ordnend vorbereitet.

D. h. die Entwicklung Psyches verläuft nicht im Gegensatz zum Unbewußten und den Instinkten, den «Kräften der

Erde». Sie ist zwar eine Entwicklung zum Bewußtsein, zum Licht und zur Individuation, aber im Unterschied zu der entsprechenden Entwicklung des Männlichen bleibt bei ihr die Nabelschnur zum unbewußten Fundament erhalten. *

Auch die «Neutralität» der Hera-Demeter-Seite ist in dieser Weise zu verstehen. Der Psyche-Aphrodite-Konflikt spielt im Bezirk des Weiblichen. Es ist nicht der Konflikt zwischen einem männlichen vom Weiblich-Mütterlichen sich abtrennenden oder total zu ihm in Gegensatz tretenden Individuum, sei es Mann oder Frau. Wir hatten schon betont, daß Psyche sich «weiblich» verhält, und die Schilderungen der Erzählung geben noch viel mehr Hinweise darauf, als wir anführen können. Ihre Naivität ebenso wie die Art der Szenen, die sie Eros macht, ihr aphrodisisches Girren ebenso wie ihre leicht erregbare Verzweiflung sind durchaus weiblich, mehr als all dies aber ist es die zwar nicht männlich-gradlinige, aber außerordentlich zähe Unablenkbarkeit ihrer Liebe und ihres elastisch unbeugsamen Willens.

Vergessen wir nicht, wer der erste ist, dem die von Eros verlassene Psyche in der Verzweiflung nach ihrem vom Strom verhinderten Selbstmord, der ihr die Unmöglichkeit einer Regression bewiesen hatte, begegnet. Wie so oft in dieser Erzählung erweist sich ein scheinbar genrehafter, idyllisch wirkender Nebenzug als von hintergründiger mythologischer Bedeutung erfüllt. «Da saß zufällig Pan, der ländliche Gott,

---

* Eine ähnliche oder entsprechende Entwicklung haben charakteristischerweise im Märchen und im Mythos die «Dummen» und die Kinder. Auch ihnen treten häufig die hilfreichen Tiere zur Seite.

106

auf einer Anhöhe am Fluß, seine geliebte Syrinx* im Arm haltend und sie lehrend.» Er erkennt sogleich mit dem, «was kluge Männer Ahnungsvermögen nennen», ihre Situation, und von ihm erhält Psyche das Motiv, mit dem sie weiter lebt, und das den Gang der Ereignisse bestimmt. «Pflege lieber mit Gebeten Eros, den größten der Götter, und da er ja ein zarter und üppiger Jüngling ist, verdiene ihn dir mit schmeichelnden Diensten.»

Pan, der Gott des natürlichen Daseins, «durch die Wohltat des langen Greisentums mit vieler Erfahrung belehrt», mit der Erde und dem Tierhaften vertraut als «Bauer und Ziegenhirt», in Liebe zum Lebendigen und zum Leben – wie könnte er sonst von der Wohltat langen Greisentums» sprechen, belehrte Psyche. Und seine Lehre ist die: Eros ist der größte der Götter, und du, Psyche, sei weiblich und erdiene ihn dir. Nicht zufällig hat er Syrinx im Arm, die unerreichbare Geliebte, die sich ihm in Musik verwandelt, und mit der er liebend ewige Zwiesprache hält. Er ist weise, liebend, naturhaft, der eigentliche Mentor Psyches. Seine Figur bleibt zwar gänzlich im Hintergrund, und doch bestimmt er als der «alte Weise» Psyches Entwicklung.

Die Aufgaben, die Psyche von Aphrodite auferlegt werden, sind zunächst nur tödliche Gefahren, die von der feindlichheimtückischen Göttin geplant werden, um Psyche zu vernichten. Durch Pans Weisung, Psyche solle sich Eros erdienen, kommt Sinn in das zunächst sinnlos Scheinende. Erst

---

* Wir haben hier für «canam deam» statt «Echo» die richtigere Rödersche Übersetzung: «Syrinx» eingesetzt, die nach dem Mythos in das Musikinstrument verwandelt wurde, das Pan im Arm hält.

durch diesen Satz des alten Weisen werden die Aufgaben Aphrodites zu Taten Psyches. Erst dadurch, daß Pan Psyche die Augen für den Sinn öffnet, der heimlich in den willkürlich scheinenden Aufgaben Aphrodites lebt, bekommt alles Geschehen eine Richtung, nämlich die auf Eros, und wird Psyches Gehen von Aufgabe zu Aufgabe ein Weg.

Das zweite, noch sonderbarere Werk, das Aphrodite von Psyche verlangt, besagt, sie solle ihr von der goldenen Wolle «schimmernder und von der Farbe des Goldes blühender» Schafe eine Flocke bringen. Hier raunt das Flüstern des Schilfes Psyche die Lösung zu.

Was ist die Aufgabe, die Aphrodite stellt, wie gelingt Psyche die Lösung, was bedeutet sie, und was für eine Rolle spielt dabei das «einfältige und menschliche Schilf»?

Die Schafe, oder besser Widder, von deren Wolle Psyche der Aphrodite eine Flocke bringen soll, werden vom Schilf als destruktive und zauberische Kräfte geschildert. Ihre Zuordnung zur Sonne ist in den Worten des Schilfs eindeutig genug, auch wenn wir nicht von Ägypten, vom Goldenen Vlies und manchem anderen Widdersymbol her die Sonnenbedeutung des Widders kennen würden.[14]

Psyche wird gewarnt, zu diesen «furchtbaren» Schafen zu gehen, «solange sie vom Sieden der Sonne ihre Hitzigkeit borgend zu trotziger Wut hingerissen werden und mit spitzigem Horn und steinerner Stirn und mitunter vergifteten Bissen zur Zerstörung der Sterblichen wüten». Die Sonnenwidder, Symbole der destruktiven Kraft des Männlichen, entsprechen dem negativen männlichen Todesprinzip, wie es vom Matriarchat erfahren wird. Diesem zerstörenden männlichen Prinzip, dieser fressenden Sonne, deren Strahlen-Haare die

Wolle des Sonnenwidders sind, wird die weibliche Psyche von Aphrodite zum Opfer bestimmt mit der höhnisch-zynischen Aufgabe: Dies Männliche entmächtige und beraube. Denn das verbirgt sich hier, wie so oft im Märchen, hinter der Aufgabe, ein Haar, eine Locke etc. zu entwenden. Dabei ist diese symbolische «Kastration» als Symbol der Bemächtigung und Übermächtigung, der «De-Potenzierung» zu verstehen.[15] Es ist Aufgabe der Dalila, Schimschon, dem Sonnenhelden, die Haare zu rauben, es ist das alte amazonische Gebot des Danaiden-Mordes.

So scheint Psyche zum Untergang durch das übermächtige männliche Prinzip verurteilt, sie müßte vor der zerstörerischen Mittagsglut dieser männlichen Sonnenkraft vergehen. Die goldenen Widder in ihrer zerreißenden Sonnengewalt entsprechen einer archetypisch überwältigenden Geistmacht, deren vernichtender männlicher Gewalt das Weibliche nicht gewachsen ist. Die archetypische Kraft dieses tödlichen Geistprinzips ist die des «patriarchalen Uroboros» in seinem negativen Aspekt, an dem das Weibliche verbrennen muß wie Semele an Zeus, oder durch den es wahnsinnig wird, wie die Töchter des Minyas,[16] die sich Dionysos – vergeblich – widersetzten. Nur eine totale Gott-Offenheit gegenüber diesem Geistprinzip, das seine schöpferische Seite dem Weiblichen zuwendet, ermöglicht diesem das Weiterleben. Aber dieses Leben bleibt dann vom Männlichen ergriffen, mit allen Segnungen und allen Gefahren, die eine solche Ergriffenheit mit sich bringt.

Bei den Widdern hingegen handelt es sich um den negativen Aspekt dieses Prinzips, dessen tödliche Aggression Symbol des zerstörerischen Einbruchs der unbewußten Mächte in die

109

Psyche ist. Personal äußert sich dies in der von Anfang an sichtbaren Selbstmordtendenz Psyches. Psyche fühlt sich der dauernden Auseinandersetzung mit der archetypischen Welt – der Natur der Götter – nicht gewachsen. Es ist immer wieder – zuviel. Erst mit fortschreitender Integration und Selbstwerdung vermag die menschliche Psyche diesem Ansturm zu widerstehen. So scheint auch bei dieser Aufgabe Psyche zunächst wieder versagen zu müssen.

Aber ihr hilft das Schilf, das Haar der Erde, das mit dem Wasser der Tiefe, dem Gegenelement des Widder-Feuers, verbunden ist, und von ihm seine elastisch-nachgiebige Kraft bezieht. Dieses Schilf flüstert ihr mit seiner panhaften und vegetativen Wachstums-Weisheit zu: warte ab, sei geduldig. Die Dinge drehen sich. Kommt Zeit, kommt Rat. Nicht immer ist es Mittag, und nicht immer ist das Männliche tödlich. Man muß nicht mit Gewalt nehmen. Es kommt eine Zeit, in der die Sonne nicht mehr auf der Höhe, sondern im Untergehen ist, eine Zeit, in der die Hitze nicht mehr wütend und verderblich ist. Es kommt der Abend und die Nacht, wo die Sonne heimkehrt, wo das männliche Prinzip sich dem weiblichen nähert und Helios «zu den Tiefen der heiligen dunklen Nacht fährt, zur Mutter und zu seinem Eheweibe und den vielen Kindern».[17]

Dann, bei untergehender Sonne, entsteht die Liebessituation, in der es natürlich und gefahrlos ist, von den Sonnenwiddern die goldenen Haare zu erhalten. Diese Haar-Strahlen sind physisch und psychisch die befruchtenden Kräfte des Männlichen, und das Weibliche ist als positive Große Mutter die große Weberin, welche die Sonnen-Samenfäden in das Gewebe der Natur verflicht.[18] Dem entspricht die negative Tat

110

Dalilas, die Simson, der erschöpft von den Taten der Liebe schläft, die Haare raubt. Auch sie ist eine nächtlich weibliche Figur, hinter deren personalisierter Gestalt ebenso wie hinter Simson sich mythische Figuren verbergen.*

Was also von Aphrodite als Untergang des Weiblichen gedacht war, wird durch das Schilf vermieden, das Weibliche hat nur seinen Instinkt zu befragen, um «bei sinkender Sonne» zu dem Männlichen in eine fruchtbare, nämlich in eine Liebes-Beziehung zu geraten, wodurch die Situation überwunden wird, in der Männliches und Weibliches sich in tödlicher Feindlichkeit gegenüberstehen.

Die Weisheit des mantischen Schilfes erweist sich dem scharfen Wissen des brennend tötenden männlichen Geistprinzips überlegen. Diese weibliche Weisheit gehört zu dem «matriarchalen Bewußtsein», das in seiner abwartend vegetativen und nächtlichen Art der tödlichen Kraft des männlichen Sonnengeistes das entnimmt, was er «braucht». Der auslöschenden Fülle der Widdergewalt setzt es sich nicht aus; wenn das Weibliche ihr in direktem Gegenüber das entreißen wollte, was ihm nötig ist, müßte es untergehen. Aber am Abend, wenn das männlich Sonnenhafte in die weibliche Tiefe heimkehrt, dann findet das Weibliche – wie nebenbei – die goldene Locke, den fruchtbringenden Lichtsamen.

D. h. die Lösung der Aufgabe besteht auch hier nicht in einem Kampf, sondern in der Herstellung eines fruchtbaren Kontaktes zwischen Weiblichem und Männlichem. Psyche ist ge-

---

* Sie ist als negativ Weibliches die verderbliche Anima, darüber hinaus aber die tödliche Muttergottheit Kanaans im Kampf mit dem JHWH-Prinzip und mit dem Bewußtsein.

radezu eine Umkehrung der Dalila. Sie raubt nicht einem entmachtet-ohnmächtig Männlichen seine Kraft, um es umzubringen, wie die furchtbare Mutter und die ihr nahe Gestalt der negativen Anima. Aber sie stiehlt auch nicht wie Medea das goldene Vlies mit List und Gewalt, sondern sie findet das ihr vom Männlichen Nötige in einer friedlichen Situation, ohne daß diesem Männlichen das geringste damit angetan wäre.

So handelt es sich, nach unserer Deutung, bei den zwei ersten Aufgaben der Aphrodite beide Male um die Lösung eines «erotischen» Problems, und seltsamerweise schiebt Aphrodite, die ja diese Aufgaben nicht als «erotisches Problem» gestellt hatte, sondern als Sonderung eines Kornberges und als Erwerbung einer goldenen Schaflocke, die Lösung der Aufgaben wirklich der Hilfe des Eros zu. «Bitter hervorlachend sprach sie: ‹Mir entgeht doch nicht der buhlerische Lehrmeister auch dieser Tat!›» dabei müßte sie eigentlich wissen, daß Eros krank und in ihrer Gefangenschaft ist. Es ist so, als ob trotz allem zwischen Aphrodite und Psyche ein verborgener Kontakt bestände, von dem her Aphrodite nicht nur den «erotischen» Charakter ihrer Aufgaben, sondern auch den von Psyches Lösungen versteht.

Die dritte Aufgabe fügt sich zunächst in diesem Zusammenhang in keiner Weise ein. In ihr verlangt Aphrodite von Psyche, ein Kristallgefäß mit dem Wasser der Quelle zu füllen, welche Styx und Cocythos, die Unterweltströme, speist. Die Lösung dieser Aufgabe scheint völlig aussichtslos. Die schon an sich für Psyche unerreichbare allerhöchste Klippe des ungeheuren Berges, aus der diese Quelle herabstürzt, ist noch dazu unzugänglich durch ewig wachsame Schlangen und durch das warnende Gemurmel des Wassers, das ihr zuruft: «Du wirst umkommen, fliehe.» Als deus ex machina erscheint der Adler des Zeus, der Ganymed geraubt hatte, und der eingedenk der Hilfe, die Eros ihm seinerzeit geleistet hatte, kommt, um Psyche zu helfen.

Das Wasser der Quelle zu bringen, ist eine Variante des Motivs der Suche nach dem Lebenswasser, der schwer zu erwerbenden Kostbarkeit. Es wird nirgends gesagt, welche Qualitäten dieses Wasser besitzt, ja, nicht einmal angedeutet, daß es überhaupt eine besondere Art Wassers sei. Aus diesem Grunde dürfen wir annehmen, daß das Geheimnis nicht in einer Qualität des Wassers liegt, sondern in der spezifischen Schwierigkeit, es zu erreichen. Das Wesentliche dieser Quelle ist, daß sie Oberstes und Unterstes verbindet, sie ist ein uroborischer Kreisstrom, der die Tiefen der Unterwelt speist und wieder aufsteigend auf der höchsten Klippe des «zu ungeheurer Größe gewachsenen» Felsen entspringt. Das Wasser dieser Quelle, das Symbol des Stromes der Lebensenergetik, ein Okeanos und «Nil» in märchenhaft verkleinertem Maßstab, in ein Gefäß zu fassen, ist die Aufgabe, die Aphrodite stellt. Sie gilt Aphrodite als unlösbar, denn der Lebensstrom ist für sie uneinfangbar und unfaßbar, er ist ewige Bewegung, ewige Veränderung, Zeugung, Geburt und Tod. Gerade die Unfaßbarkeit dieses Stromes ist seine wesentliche Qualität. So wird Psyche vor die Aufgabe gestellt, als weibliches Gefäß den Strom einzufangen, dem Gestaltlos-Strömenden Gestalt und Ruhe zu geben, als Gefäß der Individuation, als Mandala-Urne, aus der fließenden Energetik des Lebens eine gestaltete Einheit abzugrenzen und ihm Form zu geben.

An dieser Stelle wird deutlich, daß der Lebensstrom in der

113

Beziehung zu Psyche über die allgemeine Bedeutung, die Energetik und Unfaßbarkeit des Unbewußten zu repräsentieren hinaus, noch eine spezifische Symbolik besitzt. Als das, was die Mandala-Urne erfüllt, ist dieser Strom männlich-zeugend, wie die archetypisch befruchtende Kraft unzähliger Stromgottheiten in aller Welt. Er ist in bezug zur weiblichen Psyche männlich-numinose Übermacht des Befruchtend-Eindringenden, d. h. «patriarchaler Uroboros». Was Psyche von Aphrodite als unlösbare Aufgabe aufgegeben war, und was ihr hier gelingt, ist, diese Gewalt zu erfassen, ohne von ihr gesprengt zu werden.

Um diese Zusammenhänge besser zu verstehen, müssen wir zuerst die einzelnen Symbole deuten, die hier im Text auftauchen.

Was heißt es, daß der Adler die Erfüllung dieser Aufgabe ermöglicht? Warum der Adler, dieses männliche Geist-Symbol, dem Zeus und dem Luftreich zugehörig, und warum gerade der «Adler des Ganymed», der den Liebling des Zeus in den Olymp entführte? Viele Motive scheinen sich hier zu verschränken, alle aber führen dazu, die Situation Psyches in ihrer Auseinandersetzung mit Aphrodite zu klären.

Deutlich ist vor allem die Parallele von Ganymed und Psyche. Beide sind sie Geliebte der Götter und menschlich, und beide werden schließlich in den Olymp entführt als irdisch-himmlische Gefährten ihrer Gott-Geliebten. Schon hier klingt das Motiv der Sympathie des Zeus mit Psyche an, das am Ende das Geschehen entscheidet. Er stellt sich auf die Seite seines Sohnes, des Eros, im Einverständnis seines männlichen Mit-Gefühls, das vom Ergriffensein durch die Liebe weiß, gleichzeitig aber im Protest gegen das Verbot und den Widerstand der großen weiblichen Gottheit, die einmal als Hera dem Gemahl, ein anderes Mal als Aphrodite dem Sohn, die Freiheit der Liebe zu schmälern versucht.

Nicht zufällig stellt sich gerade die homosexuelle Liebesbeziehung Zeus-Ganymed hilfreich neben die Liebe von Eros und Psyche. An anderer Stelle haben wir aufgezeigt, daß die homoerotischen und homosexuellen männlichen Paare als «Widerstrebende» den Befreiungskampf gegen die Herrschaft der Großen Mutter aufnehmen. Und auch hier geht es ja um eine Befreiung des Eros als Sohn-Geliebten, der in eine freie und selbständige Partnerbeziehung zu Psyche kommen muß.

Daß die männliche Geistseite, deren zentrales Symbol der Adler ist, bei dieser dritten Aufgabe Psyche hilfreich beisteht, ist nicht ohne Zusammenhang mit dem Vorhergehenden. Die zweite Aufgabe bestand nach unserer Deutung in der «Bändigung» des feindlichen Männlichen, in der erotischen Bindung dessen, was als patriarchaler Uroboros hätte verderblich sein können. Durch diese Versöhnung Psyches mit dem Männlichen ist ihre Verbindung zur männlichen Geist-Welt des Ganymed-Adlers geglückt. Während in der ersten Aufgabe die unbewußten Instinktkräfte der Natur ordnend und sondernd eine gewissermaßen «unbewußte» Arbeit geleistet hatten, gelang es ihr in der zweiten Aufgabe, die überwältigende Fülle des männlichen Geistüberfalls zu vermeiden und das aus ihm zu gewinnen, was für sie nötig und fruchtbar war, die einzelne Goldlocke. In der dritten Aufgabe geschieht noch ein weiteres. Das ihr helfende Geistprinzip, der Adler, der als männlicher Geist die Beute erspäht und raubt, ermöglicht ihr, aus dem lebendigen Lebensstrom etwas zu erfassen und ihm Form zu geben. In dem das Gefäß haltenden Adler ist aufs tiefste die nun schon mann-weibliche Geistigkeit Psyches symbolisiert, die in *einem* Akt weiblich «empfängt», d. h. als Gefäß aufnimmt und konzipiert und zugleich männlich ergreift und erkennt. Auch die kreisende Macht dieses Lebensstromes, die von der weiblichen Psyche als männlich befruchtend, aber auch als überwältigend erfahren wird, gehört dem Vorgestaltlichen an, das wir als «patriarchalen Uroboros» bezeichnen. Während seine blendend-zerstörerische Helle in den Sonnen-Widdern symbolisiert wurde, handelt es sich bei diesem Kreisstrom um die Unfaßbarkeit und überwältigende Energetik seines Wesens. Das männliche Prinzip des Adlers ermöglicht es Psyche, einen Teil davon aufzunehmen, ohne zerstört zu werden.

So, wie dort eine Locke aus der Fülle des Lichts, wird hier eine Kugel voll aus der Fülle des Stromes herausgelöst. Beides bedeutet, auf verschiedenen Ebenen, daß Psyche das Männliche empfangen, aufnehmen und ihm Form geben kann, ohne durch die Übermacht des Numinosen vernichtet zu werden. Die Erdgeborenheit Psyches bedingt es, daß sie nur den ihr faßbaren Teil des Unendlichen gestaltend empfangen kann, das aber ist es auch, was ihr zusteht und was sie menschlich macht. Gerade auf dieser Fähigkeit der formgebenden Beschränkung beruht das Prinzip der Individuation, das sie lebt. Wenn wir die keimhafte, zu ordnende Fülle der ersten, die zerstörerische männliche Helle der zweiten und die energetisch befruchtende Übermacht der dritten Aufgabe als «patriarchalen Uroboros» bezeichnet hatten, dann war damit – schlagwortartig – die numinose Übermacht des Männlichen gemeint. Bei näherem Hinsehen aber könnte man sagen, alle

116

diese drei Manifestationen seien zugleich Manifestationsformen des Eros als des Drachenungeheuers. Denn Befruchtung, blendender Glanz und bewegende Kraft sind drei Stadien seiner Wirkung, drei Formen seiner Wirklichkeit.

In diesem Sinne bekommt das «Verschwinden des Eros» einen neuen und geheimnisvollen Sinn. Die oberste Schicht der Deutung besagt, Eros verschwindet, weil Psyche sein Verbot übertreten hat, die zweite, daß er «zur Mutter» zurückkehrt, denn das bedeutet symbolisch die Verbindung des Eros mit der Zypresse, dem Baum der Großen Mutter, in dem er – wie ein Vogel – sitzt, und seine Heimkehr in die Gefangenschaft, in den Palast Aphrodites.

Auf der tiefsten Deutungsschicht aber müssen wir verstehen, daß Psyche den Eros mit ihrer Lampe als das, was er «eigentlich» ist, nicht erkennen konnte – deswegen verschwindet er ihr. Wie sich im Verlauf des Geschehens herausstellt, offenbart sich ihr Eros in seiner wahren Gestalt erst allmählich, im Laufe ihrer eigenen Entwicklung. Seine Manifestation ist abhängig von ihr, er wandelt sich mit Psyche und durch sie. Mit jedem ihrer Werke erfaßt sie – ohne es zu wissen – eine neue Kategorie seiner Wirklichkeit.

Ihr Dienst um ihn ist ein gradweises Bewußtwerden ihrer selbst, aber auch ein gradweises Erfassen des Eros. Gerade weil dies stufenweise geschieht und es ihr gelingt, nicht von der überwältigenden Übermacht des Numinosen, das auch Eros ist, vernichtet zu werden, wird sie mit jedem Werk fester und der göttlichen Gewalt und Gestalt des Eros adäquater.

Die Aufgabe, die Psyche von Aphrodite als Aufgabe der Individuation ironisch zugespielt wurde, löst Psyche mit Hilfe des Adlers, des unbewußten männlichen Geistes. Das ist ja das

117

Überraschende in der Entwicklung Psyches, daß sie eine Entwicklung *zum* Bewußtsein ist, die immer auch *mit* Bewußtsein sich vollzieht. Aber doch ist bei ihr die Intervention der unbewußten Kräfte stärker und deutlicher als in der Entwicklung eines männlichen Bewußtseins, die Eigentätigkeit Psyches als eines Ich geringer als bei den entsprechenden männlichen Heldenwegen, z. B. dem des Herakles oder des Perseus. Dafür ist die Eigentätigkeit ihrer unbewußten Ganzheit, der sie sich unterwirft, um so zwingender.

Für die «Taten der Psyche» ist es charakteristisch, daß mit der Betonung der Bezogenheits-, d. h. Eros-Komponente auch eine fortschreitende Miteinbeziehung des zunächst unbewußten männlichen Geist-Elementes, schließlich aber auch eine sich stärkende Bewußtseinsposition, verbunden ist.

Da wir das Geschehen «subjektstufig» deuten, d. h. z. B. die hilfreichen Tiere als Kräfte *in* Psyche verstehen müssen, ist Psyche aktiv, auch wenn es Kräfte *in* ihr sind, welche die Taten vollbringen. Auch wenn nicht das Ich, sondern innere Kräfte das Bewegende sind, sprechen wir, wie beim schöpferischen Prozeß, das Getane und die Schöpfung mit einem gewissen Recht dem zu, in dem diese Kräfte wirken.

Der Weg Psyches ist als Individuation ein Weg der Formung bis dahin ungeformter uroborischer Kräfte. Anfangs, im Bannkreis des Erosdrachens, lebte sie in völliger Unbewußtheit, im Sumpfstadium Bachofens, in dem der uroborische Kreislauf im Dunkel verläuft, von keinem Bewußtsein durchbrochen, von keiner Erhellung gestört und beirrt. Es ist «Leben» an sich, Leben des triebhaften Daseins, in der Fülle des Dunkels, Lustparadies des Drachen, in dem alles wieder im Dunkel des Unbewußten mündet. Mit der Tat Psyches wurde dieser Kreis endgültig gesprengt. Licht und Bewußtsein brachen ein, gleichzeitig aber traten auch individuelle Bezogenheit und Liebe an die Stelle der anonymen Lust und der dunklen Umarmung des nur Triebhaften.

Wenn wir die Entwicklung Psyches als ein archetypisches Geschehen erkennen, dann läßt sich die Psyche-Eros-Konstellation als Archetyp der mann-weiblichen Bezogenheit verdeutlichen. Die Phase des Verschlungenseins von Eros und Psyche im Dunkelparadies des Unbewußten entspricht dem Zustand der uroborischen Anfangssituation des psychischen Daseins. Es ist die Phase der psychischen Identität, in der alles miteinander verbunden, verschmolzen und ununterscheidbar vermischt ist,[20] wie wir das z. B. vom Zustand der participation mystique her kennen. Das Psychische ist in einer Phase dunkeln, d. h. unbewußten Vermischtseins und unbewußter Bewirkung, Umarmung und Befruchtung. Gerade dieser Allbezogenheit der Inhalte im kollektiven Unbewußten entspricht aufs beste die Symbolik einer im Dunkel mit Eros verbundenen Psyche.

Mit Psyches Tat kommt es, wie wir gesehen haben, zu einer neuen «psychischen Situation». Liebe und Haß, männlich und weiblich, Licht und Dunkel, bewußt und unbewußt, stellen sich gegeneinander. Die Phase der Trennung der Ureltern und die Entstehung des Gegensatzprinzips ist erreicht. Das Licht des Bewußtseins ebenso wie seine analytisch-teilende Kraft bricht in die vorherige Situation ein und wandelt die unbewußte Identität in die polare Bezogenheit der Gegensätze aufeinander, wobei diese Gegensätzlichkeit im Unbewußten Psyches bereits vor der Tat konstelliert war, ja, gerade zu dieser Tat geführt hatte.

Während die Verschlingung von Eros und Psyche im Dunkel die elementare aber unbewußte Attraktion der Gegensätze darstellt, die unpersönlich lebenspendend, aber noch keineswegs menschlich ist, führt die Lichtwerdung zum «Sichtbarwerden» des Eros, d. h. zum Sichtbarwerden des Phänomens der psychischen und damit der menschlichen Liebe überhaupt, als der menschlichen und höheren Form des Archetyps der Bezogenheit. Erst nach der Vollendung von Psyches Entwicklung, die auf der Suche nach dem unsichtbaren Eros erfolgt, kommt es zu der höchsten Manifestation des Archetyps der Bezogenheit, in der ein göttlicher Eros sich mit einer göttlichen Psyche verbindet.

Die individuelle Liebe Psyches zu Eros als Liebe im Licht ist aber nicht nur ein wesentliches, sondern *das* wesentliche Element weiblicher Individuation. Immer, darin besteht ja das grundsätzlich Bedeutsame dieses Mythos vom Weiblichen, geht die weibliche Individuation und auch die Entwicklung des Weiblichen zum Geist über die Liebe. Psyche entwickelt sich an Eros, an ihrer Liebe zum Geliebten, nicht nur zu ihm, sondern auch zu sich selber.

Das Neue, das sich mit der Selbständigkeit von Psyches Liebe durchsetzt, und das Aphrodite für unmöglich hielt, ist, daß ein Weibliches «mit gewaltig tapferem Mut und einzigartiger Klugheit begabt» ist. Diese männlichen Attribute traut Aphrodite keinem weiblichen Wesen zu.

Mit Recht gilt von Psyche, was von ihrer Licht-Tat gesagt wurde: «Sie verwandelt ihr Geschlecht durch Kühnheit», aber das Einzigartige an Psyches Weg besteht darin, daß sie nicht direkt, sondern indirekt erreicht, was ihr aufgetragen ist, und daß sie zwar mit Hilfe des Männlichen, aber nicht als

120

Männliches die ihr gestellten Aufgaben löst. Denn sie bleibt auch da, wo sie die männliche Seite ihrer Natur sich anzueignen gezwungen wird, ihrer Weiblichkeit treu. Das zeigt sich vielleicht am deutlichsten in der letzten Aufgabe, die Psyche von Aphrodite gestellt wird.

Während es im Märchen und Mythos fast immer drei Aufgaben sind, wird diese Drei der Aufgaben charakteristischerweise bei Psyche durch eine Vier, d. h. dem Symbol der Ganzheit, überhöht. Während die drei ersten Aufgaben, wie wir gesehen haben, von «Helfern» Psyches gelöst wurden, d. h. von inneren Kräften ihres Unbewußten, muß in dieser letzten Aufgabe Psyche selber das tun, was ihr aufgetragen ist. Bis dahin gehörten die Helfer der Pflanzen- und Tierwelt an, diesmal ist es der Turm, als Symbol der menschlichen Kultur, der ihr beisteht. Psyche hatte es bei den drei ersten Aufgaben, wie unsere Interpretation darzustellen versuchte, mit dem männlichen Prinzip zu tun. Mit der letzten und vierten Aufgabe gerät sie in die direkte Auseinandersetzung mit dem zentralen weiblichen Prinzip, mit Aphrodite-Persephone.

Nicht mehr und nicht weniger als eine Unterweltsfahrt wird Psyche von Aphrodite zugemutet. Und während die Kostbarkeit, die Psyche bringen soll, eben noch auf höchster Höhe zu suchen war, auf oberster Klippe, befindet sie sich jetzt umgekehrt in tiefster Tiefe, bei Persephone selbst.

Während wir bisher die Aufgabe deuten mußten, um dann den Helfer verstehen zu können, müssen wir diesmal umgekehrt verfahren.

Der Turm ist ein sehr vielschichtiges Symbol. Er ist weiblich als Mandala-Bezirk, wie die Festung und die Stadt und wie der Berg, dessen Kulturgleichung der Stufen-Turm und der

Tempel-Turm, die Pyramide, ist; nicht zufällig ist die
Mauerkrone die Krone der großen weiblichen Gottheit. Aber
er ist auch phallisch als Erdphallus wie der Baum, der Stein
und die Mauer. Abgesehen von dieser doppelgeschlechtlichen
Bedeutung ist der Turm ein Gebautes, ein von Menschen-
hand Errichtetes, ein Produkt menschlicher Kollektiv- und
Geistesarbeit; so ist er ein Symbol der menschlichen Kultur
und des menschlichen Bewußtseins und wird deswegen als
«weitschauender Turm» bezeichnet.

Dieser Turm zeigt Psyche, wie sie als Einzelne, als Frau und
als Mensch, den tödlich-gefährlichen Bund der Göttinnen
überwinden kann, die als Aphrodite, Hera und Demeter den
göttlich-oberen und als Persephone den göttlich-unteren Bezirk der außermenschlichen Welt beherrschen. Psyche geht
diesen «äußersten Weg» zum ersten Male als sie selber. Kein
hilfreiches Tier kann ihn ihr abnehmen, denn sie ist auf diesem Weg durch nichts und niemanden vertretbar.

Allein und einsam geht Psyche diesen Heldenweg der Wiedergeburt, um ihrer Liebe willen, um Eros' willen, bewaffnet
mit der Anweisung des Turmes und mit der Verzweiflung
ihres Herzens, «Tod und Teufel» zum Trotz den Geliebten
wiederzufinden. So wie es Aufgabe des Adlers war, Menschliches zu Himmlischem hinaufzutragen, ist es nun die ihre,
Unterirdisches in die Welt hinaufzubringen.

Der Weg zu Persephone braucht uns in den Details nicht zu
beschäftigen; die Zahlung des Obolos an Charon und die
Speisung des Cerberos sind überlieferte, für die Psyche-Geschichte unspezifische, Motive. Ebenso ist es mit dem vorge-
schriebenen Verhalten bei Persephone. Das Nicht-Anneh-
men-Dürfen der Speise in der Unterwelt ist ein archetypi-

sches Motiv der Hadesfahrt (wir finden es entsprechend z. B. in Amerika), keines, das gerade Psyches Gang charakterisiert. Anders scheint es uns mit dem Verbot zu sein, dem Eseltreiber beizustehen, das ertrinkende Gespenst zu retten und den Weberinnen zu helfen.

Möglicherweise handelt es sich auch hier um allgemeine Überlieferungen, aber selbst dann hätten sie darüber hinaus eine für Psyche typische Bedeutung. Es ist das Verbot der «unerlaubten Barmherzigkeit», das Psyche vom Turm auferlegt wird. Wenn, wie wir noch ausführen werden, alle Taten der Psyche, besonders aber der Gang in die Unterwelt, einem Einweihungsritus entsprechen, dann enthält dieses Verbot die Forderung der für jede Einweihung charakteristischen «Ichfestigkeit». Während Ichfestigkeit im männlichen Bezirk sich als Aushalten von Schmerz, Hunger, Durst u. a. manifestiert, tritt sie bezeichnenderweise im weiblichen Bezirk auf als Festsein gegen «unerlaubte Barmherzigkeit». Auch hier handelt es sich um die Festigkeit eines willensstarken und nur auf das Ziel konzentrierten Ich, entsprechend z. B. dem Verbot, sich umzudrehen oder zu antworten, in zahlreichen anderen Mythen und Märchen. Diese Ichfestigkeit ist eine höchst männliche Tugend, sie ist aber mehr als das, denn sie ist die Voraussetzung des Bewußtseins und der Bewußtseinstätigkeit überhaupt.

Im Gegensatz zur Ichfestigkeit besteht für das Weibliche die Gefahr der Ablenkbarkeit als eine Gefahr der Bezogenheit, des Eros. Es ist die Unfähigkeit oder besser Schwierigkeit, für ein abstrakt fernes Ziel den Beziehungsanspruch des Nahen zu suspendieren, eine Schwierigkeit, der sich jede weibliche Psyche auf dem Individuationsweg ausgesetzt wissen muß.

Durchaus richtig wird also behauptet, diese Gefahren gehörten zu den «Nachstellungen der Aphrodite». Wenn wir uns dessen erinnern, daß die Große Mutter auch den lebenspendenden und -erhaltenden Aspekt besitzt, im Konflikt Aphrodite-Psyche zeigt sie ja nur ihre eine, negative Seite, dann vertritt sie damit immer die Natur und die Spezies im Gegensatz zu den Erfordernissen des Individuums,[21] und in diesem Sinne kann auch gerade die Barmherzigkeitshaltung der guten Mutter individuell verboten sein.

Die allgemeine Beziehungskomponente ist ein so wesentlicher Teil der Kollektivstruktur der weiblichen Psyche, daß er von R. Briffault für die Grundlage der menschlichen Gemeinschaft und Kultur überhaupt gehalten wird, die er von der Frauengruppe mit ihrer Bezogenheit von Müttern und Kindern ableitet.[22] Diese Bezogenheit aber ist kollektiv und unindividuell, sie untersteht der Großen Mutter in ihrem Aspekt als Erhalterin des Lebens, als Fruchtbarkeitsgöttin, der es nicht auf das Individuum und auf die Individuation ankommt, sondern auf die Gruppe und die Fülle des «seid fruchtbar und mehret euch».

Aus diesem Grunde bedeutet das sich Fernhalten von «unerlaubter Barmherzigkeit» einen Kampf gegen die weibliche Natur, der von Psyche bestanden werden muß. Ursprünglich bedeutet «Helfen» immer eine participation mystique, die eine Identität voraussetzt oder herstellt und daher nicht ohne Gefahr ist. Sie kann z. B. zu einer Besessenheit durch das führen, dem Hilfe geleistet wird. Als eines von vielen Beispielen sei an die Hexe aus Tausendundeiner Nacht erinnert, welcher der Held die Traglast abnimmt, und die ihm darauf «zum Dank» unabschüttelbar hinten aufsitzt.

124

In den gleichen Zusammenhang gehört es, daß Primitive, wie Levy-Bruhl berichtet,[23] ihren Rettern oder Helfern, z. B. auch dem Arzt, nicht «dankbar» sind, sondern ununterbrochen weitere Forderungen an ihn stellen. Er ist gewissermaßen für das Leben, das er gerettet hat, nun auch weiterhin verantwortlich, als ob es das seine wäre. Hilfe stellt, ebenso wie gemeinsames Essen, sich einladen lassen, sich beschenken lassen, eine Kommunion her. Aus diesem Grunde hat Psyche auch die Einladung der Persephone abzulehnen, durch deren Annahme sie ihr verfallen wäre. Wir wollen die weiteren Details* übergehen und uns dem eigentlichen Problem dieser letzten Aufgabe, die Psyche von Aphrodite gestellt wird, zuwenden.

Daß Psyche zu Persephone in die Unterwelt geschickt wird, bedeutet, sie hat den Heldenweg zu gehen, der, wenn er glückt, der Nachtmeerfahrt der Sonne durch das Dunkel der Unterwelt gleicht. Die bisherigen Aufgaben waren teils – so schien es – unlösbar, teils hätten sie tödlich werden können, z. B. eine mittägliche Annäherung an die Sonnentiere. In jedem der «schweren Werke» des Helden ist der Tod verborgen, aber das Äußerste bedeutet es, wenn der direkte Kampf mit dem Tod oder der Unterwelt von ihm gefordert wird.

Der seltsame Zug, daß Psyche bei jeder Aufgabe in eine Verzweiflung geriet, in der ihr der Selbstmord die nächste Lösung zu sein schien, läßt sich jetzt erst im Zusammenhang sinnvoll

---

*Die Weberinnen sind ein bekanntes Symbol der Großen Mutter, der Eseltreiber ist als Oknos bekannt, dessen mythische Bedeutung Bachofen erhellt hat, und das Gespenst des Toten, das von Psyche Aufnahme begehrt, läßt sich leicht verstehen als die Gefahr der Besitznahme durch den Toten, den Ahnengeist.

verstehen. Die ihr eigentlich bestimmte Todeshochzeit wurde ja seinerzeit überraschenderweise nicht vollzogen, sondern durch das Dunkelparadies mit Eros ersetzt. Der Vollzug der Todeshochzeit gehört aber zu den archetypisch gegebenen Notwendigkeiten ihrer Beziehung zu Eros, wie das Orakel des Apollo verkündet hatte. Während ihr diese Tatsache bisher unbewußt war und nur in ihrer wiederkehrenden Neigung zum Selbstmord sichtbar wurde, besagt ihr Gang zu Persephone, daß sie nun dem Tode bewußt ins Auge zu sehen hat. Aber sie tritt jetzt am Ende ihrer Entwicklung dieser Todessituation als eine Gewandelte gegenüber, nicht mehr als unerfahrenes Mädchen, sondern als Liebende, Wissende und Geprüfte.

Das Bestehen dieses «äußersten Weges» ist Psyche erst möglich, nachdem sie sich durch ihre Werke ein Bewußtsein erworben hat, das weit über ihr anfänglich nur instinktives Wissen hinausreicht. Durch die Verbindung mit den Kräften, welche durch Ameisen, Schilf und Adler symbolisiert werden, kann sie die Bewußtseinshaltung einnehmen, welche der «weitsehende Turm» repräsentiert. Dadurch, daß Psyche eine bewußte Zielgerichtetheit und Ichfestigkeit besitzt, ist sie nicht mehr bereit, dem nur natürlichen Anspruch ihres Wesens zu folgen, und ist imstande, die List der feindlichen Mächte zu durchschauen. Ihr gelingt der Weg zur Erde zurück, weil sie die männlich-geistige Aufstiegskraft des Adlers assimiliert hat, so daß sie nun auch aus dem Dunkel nach oben zu steigen und die Dinge «von oben» zu sehen vermag. Dafür, daß dies jetzt nicht nur eine instinktive Kraft ist, sondern ein «Haben», ein Besitz, steht das Symbol des gebauten Turmes.

126

Psyche wird von Aphrodite zu Persephone geschickt, von der Oberwelts- zur Unterweltsgöttin, beide aber sind nur die eine Psyche feindliche Große Mutter. In dieser Situation wird – wie selten sonst – die archetypische Zusammengehörigkeit von Aphrodite und Persephone deutlich. Daß beide nur zwei Aspekte der Großen Mutter darstellen, wird auch kultisch immer wieder sichtbar.

Die Aufspaltung des Urarchetyps in die Einzelgöttinnen führt zu Sonderkulten. Was die Forschung irrtümlich für das Ergebnis einer späten «synkretistischen» Auffassung hält, wenn z. B. in der Isishymne des Apuleius alle weiblichen Gottheiten als eine einzige gefeiert werden, ist nur die späte Spiegelung echter und urtümlicher Zusammenhänge. Diese Tatsache beschränkt sich – als archetypisch – nicht auf eine einzelne Kultur oder auf einen Kulturkreis. Das, was im «Tibetanischen Totenbuch» [24] gelehrt wird, daß die günstigen und die ungünstigen Gottheiten nur zwei Aspekte des Einen sind, ist die Wahrheit. Sie läßt sich in Babylon und Indien ebenso nachweisen wie in Ägypten und Griechenland.

«Die nächtlichen Beziehungen der Aphrodite sind tief, wenn auch in der klassischen Tradition, wenn es nicht um die Liebesnacht, sondern um die Todesnacht geht, verschwiegen. Dennoch wird uns einmal verraten, daß in Delphi auch eine Aphrodite ‹der Gräber›, eine ‹Epitymbidia› verehrt wurde. Im griechischen Unteritalien zeigen uns wundervolle Kunstdenkmäler unmittelbar, wie die Unterweltgöttin Persephone aphroditisch erscheinen kann und wie erlebt-religiös es gemeint war, wenn die Pythagoräer lehrten, es gebe zwei Aphroditen: eine himmlische und eine unterirdische. Aphrodite hatte auch ihren Persephone-Aspekt und sie hieß ebenda,

wo man dies wußte, in der süditalienischen Griechenstadt
Tarent: Königin.» [25]

Obgleich die Deutung des Auftrages der Aphrodite an Psyche
erst vor dem Hintergrund der Eleusinischen Mysterien und
der Demeter-Kore-Beziehung möglich ist, die von uns in
anderem Zusammenhang vorgelegt werden wird, sollen
einige Hinweise wenigstens den Ort dieses Geschehens an-
zeigen.

Die Tat Psyches bestand darin, den matriarchalen Raum zu
sprengen und in ihrer erkennenden Liebe zu Eros den seelischen Bezirk zu erreichen, der als «Die Erfahrung des Weiblichen in der Begegnung» die Voraussetzung der weiblichen
Individuation ist. Schon die feindlichen Schattenschwestern
hatten wir als «matriarchale» Kräfte erkannt. Mit dem Eingreifen Aphrodites aber wurde diese Auseinandersetzung von
der personalen zur transpersonalen Ebene verschoben.

Kore-Persephone und Aphrodite-Demeter sind die beiden
großen Pole als Herrinnen der weiblichen Zentralmysterien,
der Eleusinischen Mysterien, deren Zusammenhang mit dem
Psychemärchen uns noch beschäftigen wird. Zwischen diese
beiden sieht sich Psyche mit ihrer letzten Aufgabe gestellt.

Schon bei den ersten drei Aufgaben ist es durchsichtig geworden, daß Psyche durch die matriarchale Ur-Konzeption zu
Fall gebracht werden sollte. Hinter der «Unmöglichkeit», die
Aufgaben zu lösen, stand die für das Matriarchat charakteri-
stische Auffassung von einem Negativ-Männlichen, dem
Psyche, wie Aphrodite gehofft hatte, nicht gewachsen sein
würde. Dieses Negative hatte sich im weiteren Verlauf als
männliche Promiskuität, als tödliches Männliches und als
unfaßbares Männliches herausgestellt. Der Versuch Aphrodi-

128

tes, Psyche auf diese Weise zu vernichten, erreicht in der vierten Aufgabe seinen Höhepunkt.

Zunächst haben wir die Bedeutung der Büchse mit der Salbe, die Psyche von Persephone holen soll, zu verstehen. Der Auftrag wird von Aphrodite, Psyches Todfeindin, gegeben, die Schönheitssalbe, nach der Psyche geschickt wird, stammt von Persephone, und als die Salbenbüchse von Psyche geöffnet wird, überfällt sie ein todesähnlicher Schlaf. Auf diesen drei Tatsachen fußt unsere Deutung.

Die Schönheitssalbe repräsentiert, so scheint uns, Persephones ewige Jugend, die ewige Jugend des Todes. Er ist die Schönheit der Kore, die Schönheit des «todesähnlichen Schlafes». Wir kennen ihn von Dornröschen und Schneewittchen, auch dort wird er durch die böse Mutter, die Stiefmutter oder die alte Hexe verursacht. Es ist die Schönheit des Glassarges, zu der Psyche regredieren soll, die unfruchtbar-frigide Schönheit eines Nur-Mädchentums ohne Liebe zum Mann, wie sie das Matriarchat fordert. Diese Schönheit des Seins im Unbewußten gibt dem Weiblichen eine naturhafte Vollkommenheit, wie sie für das Mädchen charakteristisch ist. Aber sie ewig zu bewahren, bedeutet eine Schönheit des Todes, eine Schönheit der Persephone, die unmenschlich ist als ein schicksals-, leid- und wissenslosen Dasein in göttlicher Vollkommenheit. So ist das heimliche Ziel Aphrodites, Psyche «sterben», sie in den Zustand der Kore-Persephone regredieren zu lassen, in dem sie vor ihrer Begegnung mit Eros gewesen war.

Die Verführung liegt hier in dem narzißtischen Moment, das Psyche zu überwältigen droht. D. h., Psyche würde – so wollte es Aphrodite – von der den Eros liebenden und von ihm ergriffenen Frau wieder zum Mädchen werden, das nur sich sieht, in der narzißtischen Liebe zu sich eingeschlossen ist wie in einen Glassarg, und dessen Weiblichkeit schläft.*

Psyche die Schönheitssalbe der Persephone in die Hand zu spielen, ist ein Trick, der Aphrodites und ihrer Kenntnis des Weiblichen durchaus würdig ist. Welche Frau könnte dieser Versuchung widerstehen, und wie könnte dies eine Psyche!

Psyche «versagt», wenn wir als «Versagen Psyches» die Ereignisse bezeichnen, die mit dem Öffnen der Büchse beginnen. Sie schlägt die Warnung des Turmes in den Wind, wie einst die des Eros, sie öffnet die Büchse, fällt in einen todesähnlichen Schlaf und scheint nun all das verloren zu haben, was sie bis dahin mühsam auf ihrem langen Weg der Taten und der Leiden erworben hatte.

Sie fällt in den Todesschlaf Dornröschens, kehrt zurück zu Persephone wie Euridike nach dem Sich-Umdrehen des Orpheus und wird überwältigt von der Todesseite der Aphrodite selber, wird zur Kore-Persephone, zurückgeraubt nicht vom männlichen Todesbräutigam Hades, sondern von der siegreichen Großen Mutter als Todesmutter.

Aber wie Demeters Intrige gegen Hades nicht vollen Erfolg hatte, weil sich Kore bereits mit Hades verbunden und vom Fruchtbarkeitssymbol des Granatapfels gegessen hatte, ebenso ist Aphrodites Versuch, Psyche in das Matriarchat regredieren zu lassen, vergeblich. Denn Psyche ist schwanger und ihre Schwängerung durch Eros ist, wie am Ende sichtbar wird, das Symbol ihrer tiefsten individuellen Verbundenheit mit ihm. Es geht Psyche nicht – was Aphrodite allein interessiert – um

---

* Ein mythologisches Beispiel für eine Regression ist der Tod Eurydikes in der oben (S. 92) zitierten Dichtung Rilkes.

die Fruchtbarkeit der Natur, sondern um die der individuellen Begegnung. Auffälligerweise beginnt Psyches Selbständigkeit in der Zeit ihrer Schwangerschaft. Und während im matriarchalen Bezirk die Schwangerschaft zur Wiederverbindung der Tochter mit der Mutter führt,* drängt hier das mit der Schwangerschaft einsetzende Erwachen und Selbständigwerden Psyches gerade zu ihrer individuellen Beziehung zu Eros, zu ihrer Liebe und zu ihrer Bewußtwerdung.

Das happy end, das nun folgt, indem Eros kommt und Psyche aufweckt, ist nicht, wie es zunächst scheint, ein äußerliches, ein typisches «deus ex machina»-Geschehen, sondern es ist voll tiefen Sinnes und – richtig verstanden – die genialste Peripetie dieser an Genialität so reichen mythischen Erzählung. Was hat Psyches «Versagen» veranlaßt, warum versagt sie gerade jetzt, am Ende, nachdem sie bereits so viel bestanden und sich in so vielen Situationen bewährt hat? Ist es nur die leidige und unwiderstehliche weibliche Neugierde und Eitelkeit, die daran Schuld trägt, daß sie den Auftrag, als Bote den kosmetischen Bedürfnissen der Göttinnen zu dienen, nicht erfüllen kann, und daß sie die Büchse, an der ihr ganzes Schicksal hängt, öffnet? Warum versagt Psyche, ausgestattet mit der Orientierung durch die Weitsicht des Turmes, mit einem entwickelten Bewußtsein und einem gefestigten Ich, so daß sie den Todesgang in die Unterwelt, auf den sie von

---

* Die Nachweise Kerenyis in seiner Arbeit über die Eleusinischen Mysterien [26] müssen durch eine psychologische Deutung ergänzt werden, welche diese weiblichen Mysterien als Zentralmysterien der matriarchalen Weltanschauung sichtbar werden läßt.

Aphrodite geschickt worden war, durchaus hätte bestehen können?

Psyche versagt, sie muß versagen, weil sie eine weibliche Psyche ist. Gerade ihr Versagen aber bringt ihr, ohne daß sie es weiß, den Sieg.

Eine bezauberndere Form weiblichen Drachenkampfes als diese kann man sich kaum denken. Was wir umständlich und männlich an anderer Stelle – durchaus richtig – formuliert haben, daß die weibliche Art, den Drachen zu besiegen, die ist, ihn anzunehmen, kleidet sich hier in die zwar überraschende, aber nichtsdestoweniger höchst wirksame Form, daß Psyche «versagt». Sie ist einen Heldenweg gegangen – wir haben ihn in allen seinen Stadien verfolgt –, sie hat ein Bewußtsein entwickelt, so stark und radikal, daß sie darüber den Geliebten verloren hat. Nun aber, am Ende, einen Schritt vor dem Ende, mißachtet sie die Warnung des männlichen Turm-Bewußtseins und stürzt sich in die tödliche Gefahr, die Aphrodite-Persephone heißt. Und das alles um nichts, um fast nichts, dies alles nur, um Eros zu gefallen.

Als Psyche die Schönheitssalbe der Göttinnen in den Händen hat und sich entscheidet, die Büchse zu öffnen und die Salbe für sich zu verwenden, müßte sie sich dessen durchaus bewußt sein, welche Gefahr ihre Tat bedeutet. Der Turm hatte sie dringend genug gewarnt. Aber sie beschließt, das so mühsam Erworbene nicht der Großen Mutter, Aphrodite, zu geben, sondern es zu stehlen.

Es ist das Motiv der Schönheit, mit dem das Geschehen begonnen hatte, und das jetzt, auf eine neue Ebene transponiert, wiederkehrt. Als man Psyche wegen ihrer Schönheit die neue Aphrodite genannt und sie die Bewunderung der Menschen

132

und die Eifersucht der Göttin erregt hatte, stand sie diesem Geschenk gegenüber wie einem Unglück. Jetzt aber ist sie, nur um ihre Schönheit noch zu erhöhen, bereit, freiwillig das größte Unglück auf sich zu nehmen. Diese Veränderung Psyches ist um des Eros willen geschehen, und sie spricht unbetont aber folgenschwer für eine Erkenntnis, die nicht der Tragik entbehrt.

Psyche ist eine Sterbliche im Kampf gegen Göttinnen, das ist schlimm genug, aber da auch ihr Geliebter ein Gott ist, wie kann sie vor ihm bestehen? Sie stammt aus der irdischen Sphäre und will dem göttlichen Geliebten ebenbürtig werden. Es ist, als ob sie weiblich-allzuweiblich – aber nicht ganz der Psychologie ihres Partners unkundig – sich sagte: Meine Taten, meine Leiden mögen ihn rühren, mögen ihm Bewunderung abnötigen, aber Seele allein mag nicht ausreichen; eines aber ist sicher: einer Psyche, gesalbt mit göttlicher Schönheit, wird kein Eros widerstehen können. Und so raubt sie die Salbe, welche die Schönheit verleiht, die Persephone mit Aphrodite verbindet. Und nun, da das Schreckliche geschieht und der Todesschlaf sich über sie senkt, dessen Bedeutung wir als Regression zu verstehen glaubten – nicht zufällig wurde Kore im Tal geraubt, das den Namen des Schlafmohnes trägt[27] –, scheint all das negativ-Regressive eingetreten zu sein, das wir als Gefahr geschildert haben.

Warum also kommt Eros gerade jetzt und erlöst sie, und warum sind wir nicht bereit zuzugestehen, dies sei ein angehängtes Happy-End, sondern behaupten, es gehöre sinnvoll und wesentlich zum Ganzen?

Während Psyche anfangs ihr Eros-Paradies für ihre geistige Entwicklung geopfert hat, ist sie nun ebenso bereit, alles, was sie an geistiger Entwicklung erworben hat, zu opfern, um die unsterbliche Schönheit Persephone-Aphrodites zu erlangen und Eros zu gefallen. Damit «regrediert» sie zwar anscheinend, aber in Wirklichkeit ist es keine Regression zu etwas Altem, wie es z. B. die matriarchale Position wäre, sondern, indem sie den Schönheitsaspekt dem der Erkenntnis vorzieht, verbindet sie sich wieder und von neuem mit dem Weiblichen ihrer Natur. Und weil sie dies liebend tut und für Eros, erreicht dieses «Alte» und «Weibliche» eine neue Phase. Es ist nicht mehr die in sich geschlossene und nichts außer sich sehende Schönheit des Mädchens, aber auch nicht die verführende Schönheit Aphrodites, die nur den «Naturzweck» im Auge hat. Es ist die Schönheit der Liebenden, die für den Geliebten, für Eros, schön sein will, und für keinen sonst.

Wir haben an anderer Stelle ausgeführt, daß die Zentroversion als Tendenz zur Ganzheit sich ursprünglich in einem allgemeinen Körpergefühl ausdrückt,[28] und daß der Körper auf der Primitivstufe gewissermaßen die Ganzheit, das Selbst, vertritt. Die Beziehung zur Körpertotalität tritt in dem auf, was fälschlich negativ als «Narzißmus» bezeichnet wird, als Betonung der eigenen Schönheit und Ganzheit. Diese Phase, die in der Entwicklung des Männlichen abgelöst und durch eine andere Konstellation ersetzt wird, bleibt beim Weiblichen, bei dem die ursprüngliche Bezogenheit zum Selbst überhaupt stärker bewahrt wird, dauernd erhalten.

Indem Psyche sich an dieser Stelle so paradox entscheidet, verbindet sie sich wieder mit ihrem weiblichen Zentrum, dem Selbst. Sie steht zu ihrer Liebe und hält an ihrer individuellen Begegnung mit Eros fest, gleichzeitig aber erweist sie sich wider alle – männliche – Vernunft als urweiblich. Die männliche Betonung, mit der sie ihren Weg hatte gehen müssen, wird abgelöst durch die weibliche, und es scheint uns, daß sie gerade damit, ohne es zu wissen und zu wollen, die Verzeihung der Aphrodite-Persephone-Seite erlangt. Wenn wir sehen, wie der Widerstand der Aphrodite mit einem Male beendet ist, so glauben wir, daß die Haltung der Aphrodite, welche die durch Zeus ausgesprochene Vergöttlichung Psyches akzeptiert, darin ihren inneren Grund hat, denn oft genug hat sich ja sonst Aphrodite dem Willen des Zeus widersetzt. Aber eine «versagende» Psyche, die einem Manne zuliebe alle Prinzipien aufgibt, alle Warnungen in den Wind schlägt und aller Vernunft untreu wird – gerade diese Psyche muß schließlich die Gunst Aphrodites finden, die nun in der neuen Aphrodite ein gut Teil von sich selber wiederfinden mag.

Aber dies Versagen Psyches in seiner echten weiblichen Paradoxie bringt auch Eros selbst zum Eingreifen, macht ihn aus einem Knaben zum Mann und wandelt den Gebrannten und Fliehenden in einen Erlösungbringenden. In der hintergründigen Gesetzmäßigkeit dieses Mythos hat Psyche mit ihrem Versagen genau das getan, was ihre erste Eros vertreibende Tat aufhebt. Während sie damals das Licht anzündete auf die Gefahr hin, Eros zu verlieren, getrieben von etwas, das ihr als Haß erschien, ist sie jetzt bereit, «dunkel zu machen», um Eros zu gewinnen, getrieben von einem Motiv, das ihr als Liebe erscheint; und est mit dieser Situation, in der sie, eine neue Kore-Persephone, wieder im Glassarg schläft, gibt sie Eros die Möglichkeit, ihr auf neuer Ebene als Erlöser und Held zu begegnen.

Indem sie die männliche Seite opfert, die – notwendig wie sie

135

war – zur Trennung geführt hatte, gerät sie in eine Lage, durch die sie, gerade in ihrer Ohnmacht und Erlösungsbedürftigkeit, den gefangenen Eros erlöst.

Fraglos ist sich Psyche der Gefahr bewußt, in die sie sich beim Öffnen der Büchse begeben hat. Aber sie begeht hier wieder und diesmal auf höherer Ebene und freiwillig die Todeshochzeit mit Eros. Sie stirbt für ihn, sie ist bereit, sich und alles, was sie erworben hat, für ihn hinzugeben, denn – so will es die sinnvolle Paradoxie der Situation – mit dem Öffnen der Büchse wird sie göttlich-schön im Sterben. Die naturhaft naive Schönheit und Vollkommenheit des Mädchens, die in der Todeshochzeit mit dem Mann stirbt, wird hier zur wissenden seelisch-geistigen Schönheit einer Psyche, die für Eros stirbt und freiwillig ihr ganzes Sein für ihn opfert.

Damit aber erfährt das Göttliche ein durchaus Einmaliges, Enzigartiges und Neues. Der göttliche Liebhaber wird durch das Todesopfer Psyches aus dem verwundeten Knaben zum erlösenden Mann, weil er bei Psyche das findet, was nur in der irdisch-menschlichen Mitte zwischen Himmel und Unterwelt existiert, das weibliche Wiedergeburtsmysterium der Liebe. Bei keiner Göttin kann Eros das Wunder erfahren und erkennen, das ihm an der menschlichen Psyche begegnet, das Phänomen einer Liebe, die bewußt ist, die bereit ist zu sterben, und, stärker als der Tod, mit göttlicher Schönheit gesalbt, den Geliebten als Todesbräutigam zu empfangen.

In diesem Sinne wird auch das Bündnis zwischen Zeus und Eros verständlich, und die durch sie veranlaßte Aufnahme Psyches in den Himmel. Die höchste Instanz des Männlichen beugt sich vor dem Menschlichen und Weiblichen, das dem

Göttlichen seine Ebenbürtigkeit durch seine Überlegenheit in der Liebe bewiesen hat.

So ist Psyches Versagen nicht ein regressives Passivwerden und Versinken, sondern das dialektische Umschlagen ihrer äußersten Aktivität in Hingabe. Durch die Vollkommenheit ihrer Weiblichkeit und Liebe provoziert sie die vollkommene Männlichkeit des Eros. Indem sie sich aufgibt aus Liebe, ruft sie, ohne es zu wissen, die Erlösung aus Liebe herbei.

Mit der Erlösung durch Eros hat Psyche den Kreis ihrer vier Taten vollendet und damit den Kreis ihres Weges durch die vier Elemente beschlossen, die der Eingeweihte zu gehen hat. Charakteristischerweise aber hat die weibliche Psyche nicht einfach wie der männliche Eingeweihte der Isismysterien «durch» die Elemente zu gehen, sondern sie hat sie sich durch ihr Tun und Leiden anzueignen und zu assimilieren als die hilfreichen Kräfte ihrer Natur: die zur Erde gehörenden Ameisen, das zum Wasser gehörende Schilf, den Luft-Adler des Zeus und schließlich die feurig himmlische Gestalt des erlösenden Eros selber.

Ein Punkt, der die Bedeutung von Psyches Versagen für den Gesamtverlauf des Mythos in seiner letzten Tiefe und Konsequenz erhellt, ist noch nachzutragen. Auch hier können wir nur die innere Architektur des Geschehens bewundern, die, von dem Rankenwerk des märchenhaft-Idyllischen überwuchert, trotzdem ihre Kontur dem aufmerksamen Auge nicht verbirgt.

Der Ort nämlich, auf dem Psyches Versagen sich abspielt, und auf dem sie die Büchse, die alle Assoziationen der Unheilsbüchse der Pandora in sich trägt, öffnet, ist nicht zufällig gerade die Erde. Erst nachdem der Rückweg aus dem Reiche der Persephone geglückt ist, entschließt sie sich zu ihrer Tat, d. h. aber, sie befindet sich in diesem Augenblick bereits auf ihrem eigenen irdischen, auf menschlichem Boden und steht so in der Mitte zwischen dem Himmel Aphrodites und der Unterwelt Persephones.

Wenn sie die Büchse noch in der Unterwelt, dem Machtbereich Persephones, geöffnet hätte, wäre fraglos ein nicht wieder gutzumachendes Unglück geschehen. Dadurch aber, daß sie bereits aus der Unterwelt «zum himmlischen Chor der Gestirne» zurückgekehrt und der Schatz der Unterwelt entführt worden ist, wird die Situation grundsätzlich verändert. Sie hat das von Persephone Bekommene in ihren Eigenbesitz übernommen, es gehört ihr mit Fug und Recht. Ihre Tat besteht darin, daß sie das Erworbene nicht an die Gottheit, an Aphrodite, ausliefert, sondern es sich selber aneignet, und, als ein weiblicher Prometheus, die Kostbarkeit der Unterweltsherrin sich, der menschlichen Psyche, zuspielt. Sie nimmt sich als Mensch und Individuum, was «eigentlich» den Archetypen, den Göttinnen, zusteht, und begeht damit die Tat des Helden, der immer dem menschlichen Persönlichkeitsbereich den Schatz einverleibt, den ursprünglich der Drachen des Unbewußten besessen und bewacht hatte. Wenn aber dieser ganze Weg als ein Einweihungsweg des Weiblichen aufzufassen ist, dann ergibt sich die Frage, wie ist dabei die Rolle Aphrodites zu verstehen.

Die Aphrodite unseres Märchens ist nicht die große Göttin des klassischen Griechentums. Sie ist mehr und weniger. Mehr, weil in ihr die dämonische Größe des Bildes der furchtbaren Mutter der mythischen Vorzeit durchschimmert, weniger, weil sie personalistische Züge trägt, die eher an die von furchtbaren Müttern geformten Familiengeschicke der Menschen erinnern als an göttliche Wirklichkeit.

Wir wissen, daß die «Große Mutter» auch als Figur des weiblichen Selbst auftreten kann und müssen uns fragen, inwieweit Aphrodite hier die Rolle des Selbst spielt oder besser, inwieweit sich das Selbst des Archetyps der Großen Mutter zu seinem Zweck bedient.*

Die Beziehung des Selbst zum Elternarchetyp begegnet uns in der gleichen Situation beim Leben des männlichen Helden, das wir an anderer Stelle analysiert haben.[29] Der negative Elternarchetyp tritt außerordentlich oft im Gegensatz zum Helden auf, häufig personalisiert als «böser Vater» oder als «böse Mutter», aber auch archetypisch als negative, verfolgende Gottheit. Das bekannteste Beispiel dieser Konstellation ist die Beziehung von Hera zu Herakles. Aber wie dort Hera den Helden zu seinem Heldentum veranlaßt, so bringt auch hier Aphrodite Psyche zu ihrer Tat. Von diesem Aspekt aus schlägt der «böse-verfolgende» Archetyp um in den, der die Entwicklung in Bewegung setzt und so die Individuation fördert.

Das heißt, für Psyche besteht nicht nur eine negative Einheit Aphrodite-Persephone, sondern auch die überlegene, wenn auch noch namenlose Einheit einer sie als Sophia-Selbst leitenden Großen Göttin, von der Aphrodite, die sie als furchtbare Mutter immer wieder «auf den Weg bringt», einen Aspekt darstellt.

---

*Das gleiche Problem finden wir schon im Demeter-Kore-Mythos, wo Gaia ohne Zweifel den Raub der Kore begünstigt, also eine antagonistische Position von Gaia und Demeter angenommen werden muß.

Hier wird gerade der Gegensatz zwischen der männlichen und der weiblichen Auffassung des Großen Weiblichen deutlich, welcher zum psychischen Hintergrund des Apuleius-Romans gehört. Aphrodite-Fortuna ist die Heimarmene dieser Zeit als böses Schicksal und als furchtbare Mutter, im Gegensatz zu Isis, welche die Göttin des – durch das Mysterium gewandelten – «guten Schicksals» ist, als gute Mutter und als Sophia. Unter diesem Gegensatz erscheint das Weibliche einer männlichen Psychologie, so auch dem Apuleius des Schlußkapitels der Isisweihe. Für Psyche selber aber, diese «Inkarnation» des Weiblichen und seiner Psychologie, gilt das nicht.

Die Einheitskonzeption des «Großen Weiblichen», die zu den ursprünglichen Erfahrungen der Frau gehört, und die noch der antike Götterhimmel mit seinen gegensätzlichen Göttinnen repräsentiert, wird in der patriarchalen Welt aufgelöst. Die Aufspaltung in die gute und in die böse Mutter führt im Patriarchat weitgehend zu einer Verdrängung der negativen Seite des Weiblichen ins Unbewußte. Darüber hinaus aber kommt es, gerade weil diese Abspaltung eines «bösen» von einem guten Weiblichen nur unvollkommen gelingt, zu der totalen Verdrängung der weiblichen Gottheit aus dem Himmel, die wir von den patriarchalen monotheistischen Religionen kennen. Wie eine Gegenbewegung zu diesem Prozeß des Abstiegs der Göttinnen haben wir im Psyche-Mythos die Vergöttlichung der menschlichen Psyche.

Die Erfahrung Psyches von der Einheit des Großen Weiblichen ist aber nicht die primitive Erfahrung des Gegensätzlichen in seiner noch numinos-uroborischen Einheit, sondern

140

es ist die Ganzheitserfahrung, welche die Frau in ihrer Individuation als Produkt ihrer eigenen Ganzwerdung erlebt.

Es ist dabei zu betonen, daß der Psyche-Mythos archetypisch und in diesem Sinne historisch urbildlich ist, d. h. er kündigt eine künftige Entwicklung an, die im individuellen Menschen der Antike noch nicht stattgefunden hat. So kommt auch Psyche selber nicht bewußt zu der Einheitserfahrung des Großen Weiblichen, aber diese steht als wirkende Wirklichkeit hinter ihrer Entwicklung.

Wir hatten gesehen, daß in Aphrodite die Gestalt der bösen Mutter mit der des zur Individuation treibenden weiblichen Selbst als Sophia verschmolzen ist, aber der Zusammenhang von Großer Mutter, Matriarchats-Psychologie, Schwestern-Rolle und weiblichem Selbst muß noch verdeutlich und interpretiert werden, ohne daß wir dabei das ganze Problem der Ur-Beziehung des Weiblichen, der Mutter-Tochter-Beziehung, ausführen können.

Die weibliche Persönlichkeit muß in ihrer Entwicklung eine Anzahl Phasen durchlaufen, von denen jede durch bestimmte archetypische Gegebenheiten charakterisiert ist. Die Entwicklung verläuft von der Ursprungssituation, mit ihrer weitgehenden Identität der Mutter-Tochter-Selbst-Ich-Beziehung und dem «Matriarchat», in welchem, bei größerer Freiheit und Selbständigkeit des Ich, immer noch der Archetyp der Großen Mutter dominiert, über die des «patriarchalen Uroboros» zum Patriarchat, in dem die Herrschaft des Archetyps der Großen Mutter von der des Großen Vaters abgelöst wird. Diese – uns besonders von der abendländischen Entwicklung bekannte – Situation des Patriarchats ist gekennzeichnet durch ein Zurücktreten der weiblichen Psy-

chologie und ihrer Dominanten und durch ein mehr oder
weniger völliges Bestimmtsein auch des weiblichen Daseins
durch die männliche Bewußtseinswelt und ihre Werte.

Die kollektiv bestimmte Phase des Patriarchats mit seiner
Unterordnung des Weiblichen wird von der der «Begegnung» abgelöst, in der Männliches und Weibliches sich individuell und gleichberechtigt gegenübertreten. In der Phase
der Individuation löst sich dann das Weibliche auch aus der
Bestimmtheit durch die Begegnung mit dem Männlichen
und wird dirigiert durch die Erfahrung seines Selbst als einem
weiblichen Selbst.*

Das Selbst vertritt die Ganzheit und tendiert nicht nur in der
Zentroversion[30] zur Bildung des Ich und des Bewußtseins,
sondern darüber hinaus zur Individuation, in der das Selbst
als Ganzheitszentrum erfahren wird. Wenn die unbewußten
Kräfte einer zu überwindenden Phase sich dem Ich und der
Individuationsentwicklung entgegenstellen, handelt es sich
darum immer auch um einen Konflikt zwischen dem Unbewußten als festhaltender Großer Mutter und zwischen dem
Selbst, welches die Ganzheitsentwicklung intendiert.

Eine wesentliche Schwierigkeit der weiblichen Psychologie
besteht nun darin, daß das Weibliche sich zum Männlichen
und über das Männliche hinaus, welches dem Unbewußten

---

*Diese schematische Darstellung der Entwicklung entspricht natürlich
nicht der Wirklichkeit, in welcher es keine gradlinige Entwicklung gibt.
Außerdem aber löst eine neue Phase die vorhergehende nicht einfach ab,
sondern bildet nur ein neues Stockwerk in der psychischen Struktur, welche bis dahin durch die anderen Phasen und ihre Gesetze bestimmt worden war.

gegenüber das Bewußtsein repräsentiert, entwickeln muß. Damit gerät es in Konflikt zu der «Großen Mutter», dem weiblichen Archetyp des Unbewußten und zu der weiblichen Urbeziehung, wie sie uns im Demeter-Kore-Mythos vorliegt. Diese im Gegensatz zur Großen Mutter stehende Entwicklung darf aber weder zu einer Vergewaltigung der weiblichen Natur durch das Männliche und die ihm eigentümliche Psychologie führen, noch dazu, daß das Weibliche den Kontakt zum Unbewußten und zum weiblichen Selbst verliert. Die Schwierigkeit, zwischen dem progressiven Charakter des Selbst und dem regressiven Charakter der Großen Mutter zu unterscheiden, gehört zu den zentralen Problemen der weiblichen Psychologie.[31]

In Psyches Entwicklung wird die Matriarchatspsychologie durch die Schwestern vertreten, welche symbolisch die Schwester-Bindung der Frauengruppe und zugleich ihre Feindlichkeit dem persönlichen Manne gegenüber repräsentieren. Die Mann- und Begegnungs-, das heißt Liebesfeindlichkeit des Matriarchats muß zwar überwunden werden, und das Patriarchat stellt eine auch für die weibliche Entwicklung notwendige Durchgangsstufe dar, aber die «Gefangenschaft im Patriarchat» die «Haremspsychologie», ist ein Niedergang gegenüber der matriarchalen Selbständigkeit des Weiblichen. Deswegen ist in der Opposition der Matriarchatskräfte gegen die Gefangenschaft des Weiblichen im Patriarchat ebenso wie gegen die Gefangenschaft durch den Eros-Drachen, den partriarchalen Uroboros, ein wesentliches und positives Element enthalten.

In diesem Sinne hat die «Regression» zu den matriarchalen Kräften oft, wie wir auch bei der Psychologie der modernen

Frau noch feststellen können, einen progressiven Sinn. Auch wenn die Kräfte einen Teil des weiblichen Schattens darstellen, kann ihre Annahme, wie bei der Tat Psyches, zu einer neuen Integration und zu einer Erweiterung der Persönlichkeit führen.

Dies tritt jedoch nur ein, wenn das Annehmen zugunsten einer noch unbekannten und erweiterten Persönlichkeit, d. h. im Sinne einer Annäherung an die Ganzheit der Psyche, geschieht, nicht aber durch das Sich-Ausliefern an einen destruktiven und personal regressiven Schattenteil, wie ihn z. B. die Schwestern im Psychemärchen repräsentieren. Die Negativität der Schwestern äußert sich schon in der negativen Absicht ihres Bewußtseins gegen Psyche, sie wird überaus deutlich, wenn wir die Geschichte ihrer Weiterentwicklung verstehen, falls es berechtigt ist, ihren Untergang als Entwicklung zu bezeichnen. In dieser Episode, die wie eine von Eros und Psyche an den Schwestern vollzogene Rache erscheint, verbergen sich bedeutungsvolle psychologische und mythologische Elemente. Auf die Gefahr hin, einer Über-Interpretation verdächtigt zu werden, wollen wir auf diese Zusammenhänge hinweisen, die allerdings erst durch eine Gesamtdarstellung der weiblichen Phasenentwicklung ihr volles Gewicht erhalten können.

Der Tod der Schwestern an Eros ist ein typisches Beispiel für den Untergang des Weiblichen am «patriarchalen Uroboros». Die Schwestern sind unbewußt von dem Geliebten Psyches ebenso, wenn nicht noch stärker, besessen als Psyche selbst. Sie halten ihn fast sofort für einen Gott und verbinden mit ihm zu Recht die Vorstellungen all der Lustparadiese, die Psyche wirklich mit Eros erlebt. Die Faszination durch diesen

göttlichen Liebhaber ist im Märchen aufs stärkste «personalisiert», denn Palast, Gold, Edelsteine etc. etc. treten hier als
«irdische» Attraktionen auf, aber hinter ihnen bleibt die
Kraft der überpersönlichen Faszination durch Eros lebendig.
Wir dürfen nicht die Situation dieser Schwestern Psyches
vergessen, die in der patriarchalen Gefangenschaft ihrer Ehen
in einer Tochter- bzw. in einer Mutter-Pflegerin-Rolle dar-
ben. Ihr Neid und ihre bösartige Haß-Eifersucht auf Psyche
ebenso wie ihre hingerissene Bereitschaft, alles zu verlassen,
um Eros in die Arme zu stürzen, entbehren bei aller Komik
nicht einer heimlichen Tragik. Ihr Untergang ist bezeichnenderweise durchaus mythisch. Sie stürzen in ihrer erhitzten
Halluzination einen Felsen hinab, den klassischen Felsen der
Todesbraut, auf dem auch Psyche gestanden hatte, und werden zerstückelt. Die verblendeten Schwestern bezeugen in
ihrem Wahnsinn in der unheimlichen Gerechtigkeit des Mythos die Wahrheit alles dessen, was sie Psyche an Negativem
über ihren unsichtbaren Geliebten gesagt hatten, und erfüllen
in einer düster tragischen Weise stellvertretend den Tod Psyches. Für sie wird Eros wirklich das fressende männliche Ungeheuer, die grimmige Bestie des pythischen Spruchs. Jenseits
ihres männermordenden Bewußtseins sind sie dionysisch-
mänadisch von Eros ergriffen und stürzen sich liebeswahn-
sinnig vom Felsen herunter, echte Parallelfiguren z. B. zu den
Frauen, die, im Widerstand gegen Dionysos, von ihm unbewußt ergriffen werden, um in mänadischem Wahnsinn un-
terzugehen.
Psyche dagegen hat sich in ihrer Entwicklung von den matriarchalen Kräften, die ihr den revolutionären Anstoß gegeben hatten, ebenso wie von der Verhaftung an das Lust-Para-

dies, das ihr Eros als patriarchaler Uroboros geboten hatte, befreit. Die Hilfe des Weiblichen – Demeter-Hera – wurde Psyche versagt, und sie mußte den männlichen Weg, den sie mit Dolch und Lampe angetreten hatte, bis zum bitter-süßen Ende gehen. Sie überwand unter der unsichtbaren Assistenz Pans die Matriarchatsaufgaben Aphrodites; das heißt aber, sie ist bei ihrer Begegnung mit Eros bis zu Schichten ihres Unbewußten vorgedrungen, in denen männliche Kräfte und Figuren herrschen.

Die Welt der männlichen Kräfte im Unbewußten des Weiblichen reicht weit über die Figur, die als «Animus» [32] bezeichnet wird, hinaus. Auf der einen Seite erstreckt sie sich bis zu Formen, welche die «Nur-Männlichkeit» hinter sich lassen, [33] und die uroborisch werden, auf der anderen Seite gehören auch außermenschliche Gestaltungen in ihren Bereich. Tiere, wie die Schlange, aber auch Stier, Widder, Pferd etc. symbolisieren die noch primitive befruchtende Macht männlichen Geistes im Weiblichen, und die Vögel, von den befruchtenden Geist-Tauben bis zum Adler des Zeus, sind ebenfalls-Symbole derartiger Geist-Kräfte, wie Riten und Mythen aller Völker lehren. Das Befruchtend-Männliche im Pflanzlichen, z. B. als gegessene Frucht, ist archetypisch ebenso wirksam wie die anorganische Kraft der Steine oder des Windes, der, wie jedes Befruchtende, immer auch das Geistelement in sich trägt.

Dieses anonyme Männlich-Geistige, mit seiner produktiven und destruktiven Seite, das wir als «patriarchalen Uroboros» bezeichnen, stellt eine psychische Größe dar, die an der Grenze und jenseits der Animus-Welt des Weiblichen wirkt.

Mit ihren ersten drei Taten hat Psyche die Erkenntnis brin-

146

genden männlichen positiven Kräfte ihrer Natur in Bewegung gesetzt. Darüber hinaus aber hat sie diese Kräfte, die ihr als unbewußte Mächte geholfen hatten, zu bewußter Aktivität gebracht und so ihre eigene männliche Seite befreit. Dieser im Gegensatz zur Großen Mutter bewußt vom Ich gegangene Weg ist der typische Weg des männlichen Helden, an dessen Ende sich Psyche in eine Nike verwandelt hätte. Ein sehr fraglicher Erfolg, wie entsprechende weibliche Entwicklungen zur Genüge demonstrieren. Denn eine derartige siegreiche männliche Entwicklung mit dem Preis ihrer erotischen – d.h. auf Eros wirkenden – Anziehungskraft zu bezahlen, wäre für eine weibliche Psyche, deren Tun im Zeichen der Liebe, im Zeichen des Eros, stand, ein katastrophaler Ausgang. Er wird durch das verhindert, was wir als «Psyches Versagen» gedeutet haben.

Nach der Bewußtwerdung und Realisierung ihrer männlichen Komponente war Psyche, ganz geworden durch die Entwicklung ihrer männlichen Seite, imstande, der Ganzheit der Großen Mutter in ihrem Doppelaspekt als Aphrodite-Persephone gegenüberzutreten. Das Ende dieser Auseinandersetzung war die paradoxe Sieg-Niederlage von Psyches Versagen, mit der sie nicht nur einen männlich verwandelten Eros, sondern gleichzeitig auch den Anschluß an ihr zentrales weibliches Selbst wiedergewonnen hatte.

An dieser Stelle erfolgt die Aufnahme Psyches in den Olymp, ihre Heraufführung durch Hermes, ihre Vergöttlichung und ihre ewige Vereinigung mit Eros. Hermes erfüllt hier wieder seine wahre und eigentliche Funktion als Psychopompos, als Seelengeleiter. Anfangs, im Dienste Aphrodites, war er nichts als «Götterbote», die nebensächliche und leicht karikierte Figur einer römischen Götterwelt. Jetzt aber, als Psyche die ihr zustehende Unsterblichkeit erhält, wird auch Hermes wieder zu seiner mythischen Ursprünglichkeit erlöst, in der seine eigentliche hermetische Wirksamkeit als Führer der weiblichen Seele sichtbar wird.

Mit der Aufnahme Psyches als Gemahlin des Eros in den Olymp ist eine epochale Entwicklung des Weiblichen und darüber hinaus des Menschlichen im Mythos sichtbar geworden.

Vom Weiblichen aus gesehen bedeutet es, daß die individuelle Liebesfähigkeit und Liebeskraft der Seele göttlich, und daß der Wandlungsweg der Liebe ein Mysterium ist, das vergöttlicht. Diese Erfahrung der weiblichen Psyche bekommt ihr besonderes Gewicht vor dem Hintergrund der patriarchalen Welt der Antike mit ihrer Kollektivität weiblichen Daseins, das der Herrschaft des Fruchtbarkeitsprinzips unterstellt war. Das Menschliche hat seinen Platz im Olymp erobert, aber es tat dies nicht als männlich vergöttlichter Held, sondern als liebende Seele; damit ist das weiblich-Menschliche als Individuum in den Olymp eingezogen und steht in seiner durch den Mysterienweg der Liebe gewonnenen Vollkommenheit neben den Archetypen der Menschheit, den Göttern. Und, paradox genug, diesen seinen göttlichen Platz hat es gerade durch seine Sterblichkeit erworben. Erst die Erfahrung der Sterblichkeit, erst der Durchgang durch den Tod zur Wiedergeburt und zur Auferstehung durch Eros macht Psyche göttlich in einem Wandlungsmysterium, das sie über das Unmenschliche der antiken Nur-Göttlichkeit hinausführt.

In diesem Zusammenhang wird ein letztes Problem durchsichtig, nämlich das des Kindes aus der Vereinigung von Psyche mit Eros. Dieses Kind, dessen Wachstum Psyches ganze Entwicklungs- und Leidensgeschichte begleitet, taucht in ebendem Moment in der Erzählung auf, in dem Psyches Selbständigkeit sich zu regen beginnt. Nach dem ersten Besuch der Schwestern teilt Eros der Psyche ihre Schwangerschaft mit und spricht dabei die geheimnisvollen Worte: «Und dieser noch kindliche Mutterleib trägt uns ein anderes Kind –, wenn du unsere Geheimnisse mit Schweigen bedeckst, ein göttliches, ein sterbliches, wenn du sie profanierst.»

Was kann dieser Satz meinen? Nehmen wir ihn zu ernst, wenn wir glauben, ihn deuten zu müssen? Psyche hat ja doch ein göttliches Kind geboren, und, wie es zunächst scheint, die «Geheimnisse» keineswegs mit Schweigen bedeckt, wenn das Geheimnis in der Unsichtbarkeit des Eros bestanden haben sollte. Da wir also diese Deutung ausschließen müssen, erhebt sich die Frage, von welchen Geheimnissen die Rede ist, die Psyche nicht profanieren soll.

Die «Bewahrung des Geheimnisses» des eigentlichen und unaussprechbaren Mysteriums besteht im Gegensatz zur «Profanierung» in dem inneren Festhalten Psyches an Eros, dem Festhalten der menschlichen Psyche an der geheimnisvollen und «unmöglichen» Liebe zu ihrem göttlichen Partner und in dem Festhalten an dem, was ihr wesensmäßig durch diese Beziehung an Wandlung geschieht. Denn «profan» gesehen ist diese Liebe nicht nur in den Augen Aphrodites, sondern in aller Augen, ein Absurdum und ein Paradoxon, ein Verbotenes und Unmögliches zugleich. Das wirkliche Geheimnis bewahrte Psyche sogar auch gegen Eros selber und gegen seinen Widerstand, denn das unaussprechbare Geheimnis ihrer Liebe wird nur in Psyches Leben, in ihren Taten und in ihrer

Wandlung aussagbar. Obgleich Psyche alles ausplauderte, was nur auszuplaudern war, blieb dieser innerste Kern ihrer Liebe als unausgesprochenes Geheimnis in ihr wirksam. Sogar Eros selber vermochte es erst im Selbstopfer Psyches zu erkennen, denn sein Verständnis dessen, was Liebe und was ihr eigentliches Geheimnis ist, wurde ihm erst durch die Liebe Psyches zugänglich und zu lebendiger Erfahrung. Während er bis dahin Liebe nur im Dunkel als heiteres Spiel und als Überfall des Triebhaften im Dienst Aphrodites und in Übereinstimmung mit ihr erfahren hatte, erlebte er sie durch Psyches Tat als einen Weg der Persönlichkeit, der durch Leiden zur Wandlung und zur Erleuchtung führt.

Todeshochzeit, Sein im Paradies des Unbewußten, Kampf mit dem Drachen, Leidensweg der Taten, Gang in die Unterwelt und Erwerbung der Kostbarkeit, das Versagen als zweiter Tod (das im Mythos oft als Gefangenschaft[34] auftritt), Erlösung, Hieros Gamos, Auferstehung, Wiedergeburt als Gottheit und Geburt des Kindes. Es sind nicht einzelne archetypische Motive, sondern es ist der ganze Kanon von Archetypen, der im Mythos und Märchen ebenso wie in den Mysterien wiederkehrt, aber auch in den religiösen Systemen, z. B. der Gnosis, immer neue Varianten seiner Grundstruktur ausgeformt hat. Dieser Mysterienweg ist fast immer nicht nur ein Weg der Taten, sondern auch der Erkenntnis, der Gnosis. Er offenbart sich uns hier aber in einer spezifisch anderen Form, als sie uns – außer in den Eleusinien – bekannt ist, nämlich nicht als Mysterium der Gnosis, d.h. des Logos, sondern als ein Mysterium des Eros. Dem entspricht, daß das Kind, das Geboren wird, im Gegensatz zu den Erwartungen des Eros[35] ein Mädchen wird.

150

Die mit Eros verbundene Psyche ist in ihrer Liebe nicht nur etwas anders als Aphrodite oder sonst eine der Göttinnen, sondern sie ist etwas durchaus Neues. Mit Psyches Liebestriumph und ihrem Einzug in den Olymp hat sich für die abendländische Menscheit ein Prozeß vollzogen, der Jahrtausende nachwirken sollte. Denn nun schon seit zwei Jahrtausenden steht die Liebe als Mysterienphänomen der Psyche im Mittelpunkt der seelischen Entwicklung und im Mittelpunkt von Kultur und Kunst und Religion. Über die christliche Nonnenmystik und die Liebe der Troubadoure, über Dante und Beatrice bis zum Ewig-Weiblichen Fausts ist diese mysterienhafte Entwicklung der Psyche in der Frau und im Manne nicht zur Ruhe gekommen. Sie hat Heil und Unheil mit sich gebracht, aber sie ist ein wesentliches Ferment der abendländischen Seelenhaftigkeit und Geistigkeit bis auf den heutigen Tag.

Diese Liebe Psyches zum göttlichen Liebhaber ist ein Kernstück der Mystik aller Zeiten, der Liebesmystik, und Psyches Versagen, ihr letztes Sich-Aufgeben und der ihr gerade dann sich erlösend nähernde Gott entspricht genau der höchsten Phase der mystischen Ekstase, in der die Seele sich der Gottheit anheimgibt.

Darum heißt es auch vom Kinde, das Psyche zur Welt bringt, «quam voluptatem nominamus»: «es wird in der Sprache der Sterblichen Wollust genannt», oder, wie eine andere adäquatere Übersetzung, die wir hier zitieren möchten, lautet: «die nennen wir Menschen die Wonne».[36] In der Sprache des Himmels aber – und es ist ja ein himmlisches Kind, das die göttlich gewordene Psyche im Himmel gebiert – ist dies Kind die mystische Wonne, die überall in der Menschheit als

Frucht der höchsten mystischen Vereinigung geschildert wird:

«Wonne zwar, doch jenseits der Lust.»[37]

Wir wissen nicht nur aus der Mythologie, sondern mehr noch aus den Erfahrungen des Individuationsprozesses[38] von der Geburt des «göttlichen Kindes» und seiner Bedeutung. Während die Geburt des göttlichen Sohnes für die Frau in einer Erneuerung und Vergöttlichung ihrer Animus-Geist-Seite besteht, handelt es sich bei der Geburt der göttlichen Tochter um ein noch zentraleres, um ein das weibliche Selbst, ihre Ganzheit betreffendes Geschehen.

Und daß der Psyche-Mythos damit endet, daß diese Tochter, die geboren wird, die Wollut-Wonne-Seligkeit ist, gehört wieder zu den fast erschreckenden Tiefsinnigkeiten seines Inhalts. Mit diesem letzten Satz und mit der Erzählung von dieser den Mythos eigentlich hinter sich lassenden jenseitigen Geburt der Tochter ist ein Kern weiblicher innerer Erfahrung angetönt, der sich der Beschreibung und fast dem Verständnis entzieht, obgleich er immer wieder als bestimmende Grenzerfahrung der Psyche und des Psychischen sichtbar wird.

Wir haben wiederholt betont, daß es sich um einen Psyche-Mythos, d. h. um ein Geschehen «im archetypischen Raum» handelt, das uns in der Vollkommenheit und Geschlossenheit seiner Erfahrung in diesem Märchen entgegentritt. Gerade weil es sich um ein archetypisches Geschehen handelt, ist seine Bedeutung allgemein menschlich und nicht personalistisch zu verstehen, d. h. nicht als Geschehen in einer beliebigen Frau oder in einem beliebigen Mann, sondern als «vorbildliches Geschehen» überhaupt.

Es ist nicht möglich, an dieser Stelle die psychologische Differenzierung des «Psyche-Archetyps» von dem der Anima im Manne und von dem des weiblichen Selbst in der Frau darzustellen. Einige Hinweise mögen genügen. Nicht zufällig spricht man von der «Seele» des Mannes ebenso wie der Frau,* und nicht zufällig definiert auch die analytische Psychologie die Ganzheit von Bewußtsein und Unbewußtem als «Psyche». Diese Psyche als Ganzheit der Persönlichkeit ist nun beim Manne ebenso wie bei der Frau als weiblich zu charakterisieren in ihrer Erfahrung des das Psychische Transzendierenden, das sie als «außen» und «ganz anderes» numinos erfährt. Aus diesem Grunde ist auch die Mandalafigur, die als Ganzheit der Psyche bei Mann und Frau auftritt, ihrer Symbolik nach weiblich als Kreis und Rundes oder uroborisch als das, was diese beiden Gegensätze in sich enthält.

Da, wo diese Psyche Erfahrung macht, scheint die symbolisch männliche Ich- und Bewußtseins-Struktur bei Mann und Frau soweit relativiert und eingeschmolzen zu sein, daß der weibliche Charakter des Psychischen überwiegt. So findet die mystische Geburt der Gottheit beim Mann nicht etwa als Geburt der Anima statt, d. h. einer Teilstruktur des Psychischen, sondern als Geburt der Ganzheit, eben der Psyche.**

Das, was im Psyche-Mythos als Tochter geboren wird, ist ein das Psychische Transzendierendes, es ist eine Gefühlswirklichkeit, eine meta-psychische Situation, die sich bei der Vereinigung der menschlichen Psyche mit dem göttlichen

---

* Im Gegensatz zum «Seelenbild» im Manne und in der Frau.

** Diese Variierung der Definition der Anima bei C. G. Jung scheint mir ein notwendiges Ergebnis gerade der von ihm entwickelten Erfahrungen des Individuationsprozesses zu sein.

Partner konstelliert. Gerade von hier aus wird die säkulare Bedeutung der Vergottung Psyches noch einmal evident.

Die Situation der sterblichen Psyche war, daß sie einer feindlichen Welt archetypisch weiblicher Mächte ausgeliefert schien, daß Eros diesen Mächten, deren Inkarnation Aphrodite war, unselbständig anhing, und der Vaterarchetyp des Zeus unaktiv beiseite stand. Das bedeutete psychologisch, daß die Welt des Unbewußten in ihrer un-menschlichen und aufs Menschliche vorwiegend negativ bezogenen Konstellation das menschliche Geschehen beherrschte, und daß auch die Bezogenheit der Menschheit zu dieser Welt – Eros – gänzlich passiv war. Das Menschliche als Psychisches war den Göttern ausgeliefert und ihrer Willkür anheimgegeben.

Im Psyche-Mythos aber ist die Aktivität Psyches so groß, daß alle Aktionen und Wandlungen von ihr ausgehen, daß sie ihre entscheidende Tat begeht, während Eros schläft, ihre Werke vollbringt, während Eros verwundet bei der Mutter weilt, und daß es ihr, der Erd-Geborenen, gelingt, die vier irdischen Elemente ihrer Natur in sich zu integrieren und damit allen Intrigen des Unbewußten und seiner Herrin zu widerstehen. Die innere Kraft Psyches ist so groß, ihre in Leiden und Liebe erworbene Integrationsfähigkeit so stark, daß sie der Auflösungskraft der Archetypen gewachsen ist und ihnen «gleich zu gleich» gegenübersteht. Dies alles aber geschieht nicht in einer prometheisch männlichen Opposition dem Göttlichen gegenüber, sondern in einer göttlich-erotischen Liebesergriffenheit, die sie als tiefer mit dem Zentrum des Göttlichen verbunden erweist, als die aphroditische Manifestationsform dieses Göttlichen selber.

Während früher, wie ein antikes Bild zeigt,[39] Aphrodite auf

154

Psyche ritt, d. h. der Archetyp der Großen Mutter Psyche beherrschte, wird nun Psyche kraft ihrer Liebesfähigkeit im hermetischen Aufstieg selber göttlich und demonstriert durch ihren Einzug in den Olymp das Eintreten einer neuen Weltstunde. «Göttin Psyche» bedeutet, das Menschliche ist dem Göttlichen als selber göttlich gewachsen, die ewige Verbindung der Göttin Psyche mit dem Gott Eros aber besagt, die Verbindung des Menschlichen mit dem Göttlichen ist nicht nur ewig, sondern sie ist selber von göttlicher Qualität.

Das Psychisch-Werden des Göttlichen, das nach Innen-Wandern der Götter in das, was wir die menschliche Psyche nennen, in der nun dies Göttliche auftaucht, hat mit dieser Apotheose Psyches sein archetypisches Beginnen.

Seltsam genug stellt sich so im Psychemärchen eine Entwicklung dar, welche im außerchristlichen Raum ohne Offenbarung und ohne Kirche, gänzlich heidnisch und doch das Heidentum überwindend, den Wandlungsweg und die Göttlichwerdung der Psyche symbolisiert. Eintausendfünfhundert Jahre hat es gedauert, bis es unter gänzlich neuen Voraussetzungen wieder möglich und sinnvoll geworden ist, von einem Wandlungsweg und von einem Göttlichwerden der menschlichen Psyche zu sprechen. Erst nachdem der mittelalterliche Bann über die weiblich-irdische Seite des Psychischen sich aufzulösen begonnen hat, den eine allzu einseitig auf himmlisch-männliche Werte ausgerichtete Geistwelt ausgesprochen hatte, konnte es zu einer Wiederentdeckung des Göttlichen in der irdischen Natur und in der menschlichen Seele kommen. So hat in der Moderne eine neue Entwicklung des Weiblichen eingesetzt, ebenso wie mit dem Entstehen der Tiefenpsychologie eine neue Form der Entwicklung und

Wandlung der Seele im Abendlande sichtbar zu werden beginnt.

Alle diese Entwicklungen sind Verwirklichungen dessen, was auf archetypischer Ebene in dem Mythos von Psyche und ihrer Vergöttlichung vorgebildet ist. So scheint es uns nicht ohne tiefen Sinn und Zusammenhang, daß diese Arbeit über Eros und Psyche gerade in einem Augenblick erscheint, indem die katholische Kirche mit dem Dogma von der körperlichen Aufnahme Marias in den Himmel, der assumptio Mariae, das wiederholt, erneuert und bestätigt, was sich im heidnischen Olymp an Psyche vollzogen hat.*

Der Archetyp der mit Eros vereinigten Psyche zusammen mit dem Kind der Wonne scheint uns eine der höchsten Formen zu sein, welche im Abendlande das Symbol der conjunctio erreicht hat. Es ist die jugendliche Form des mit seiner Shakti vereinigte Shiwa. Der Hermaphrodit der Alchemie ist eine spätere, aber geringere Form dieses Bildes, weil er, worauf Prof. Jung hingewiesen hat, eigentlich ein monströses Gebilde darstellt, ganz im Gegensatz zu dem göttlichen Paar, das Eros und Psyche bilden.

Vom Weiblichen aus gesehen ist die mit Eros auf ewig verbundene Psyche das mit der männlichen Gottheit verbundene weibliche Selbst. Dabei liegt der Akzent auf der Seite Psyches, welche die transzendierende Gestalt des Eros gleichzeitig

---

* Der Trinität des Christentums entspricht hier die «trinitarische Dualität» von Zeus und Eros, der als geflügelter Eros auf seiner höchsten Manifestationsstufe sowohl Sohn- wie Heiligen-Geist-Charakter besitzt; der Maria aber ist die Gestalt Psyches analog. Die psychologische Bedeutung des Unterschiedes zwischen dieser antik-hellenistischen und der modern-christlichen Vierheit kann uns hier nicht beschäftigen.

als die Lichtseite des erlösenden Logos in sich erfährt, an dem und durch den sie zur Erleuchtung und Vergöttlichung gelangt. Das heißt, begrifflich vereinfachend, sie erfährt den Eros als Gnosis durch Liebe.

Vom Männlichen aus gesehen ist es ebenfalls die Vereinigung der Psyche als der Ganzheit seiner Persönlichkeit, wie sie uns z. B. vom Archetyp des Mandalas her bekannt ist, mit der transzendierenden männlich-göttlichen Manifestationsform des Selbst. Für das Männliche aber liegt der Akzent weniger auf der Seite der Psyche als auf der des göttlichen Eros. Hier führt die Verwandlung der männlichen Logosseite in ein Göttlich-Liebendes, das sich mit der Psyche verbindet, zur Erleuchtung und zur Vergöttlichung. Das heißt, begrifflich vereinfachend, das Männliche erfährt den Eros als Liebe durch Gnosis.

Die Verschränkung dieser beiden göttlichen Figuren und mystischen Erfahrungen bildet den Archetyp der conjunctio von Eros und Psyche. Die Gloriole, die sie umstrahlt, gleichzeitig die tiefste Frucht ihrer Verbindung aber, deren irdischer Abglanz die Wollust ist, ist ihr göttliches Kind, die himmlische Seligkeit der Wonne.

Wenn wir die Entwicklung Psyches im ganzen überblicken, dann ist klar, was durch den Zusammenhang des Psyche-Märchens mit dem Roman des Apuleius, in dem das Märchen steht, deutlich sein mußte, daß es sich bei diesem Märchen-Mythos um ein Mysteriengeschehen handelt. Wie sieht dieses Mysteriengeschehen aus, und welche Stelle nimmt es im Goldenen Esel des Apuleius ein?

Aus der Isis-Einweihung des Lucius-Apuleius, mit welcher der Roman endet, erfahren wir[40] die wesentlichen Elemente des Mysteriums. Die Weihe besteht in einem freiwilligen Sterben und in einem gnädigen Erlöstwerden vom Tode – dem Weg in Proserpinas Reich und aus ihm zurück. Ihr Zentrum bildet das Schauen, die Verehrung der unteren und der oberen Götter, wobei sinnvollerweise die Hadesfahrt am Beginn steht, und der Gang durch die vier Elemente. (Das letzte Stadium, das der Verwandlung in Helios, lassen wir zunächst beiseite.)

Die Entsprechungen zum Psyche-Mythos sind so evident, daß wir annehmen müssen, Apuleius habe die Märchenerzählung mit voller Absicht in den Goldenen Esel aufgenommen. Unsere nächste Frage lautet, wie steht die Psyche-Geschichte zur Isiseinweihung des Romans.

Hier sind einige Bemerkungen über die matriarchale und die patriarchale Psychologie nicht zu vermeiden, deren Gegensatz erst das Geschehen des Psyche-Mythos verständlich macht. Das Märchen ist – im Gegensatz zu dem pathetischen Sakralstil der Isisweihe, die mit allem Pomp und Glanz der Mysterienterminologie dargestellt wird – eine Profan-Einschiebung. Es ist gewissermaßen als ein folkloristisches Vorspiel gedacht.

Das Märchen von Amor und Psyche wird im Goldenen Esel von einer alten Frau einem jungen Mädchen erzählt. Dieses Mädchen wurde als Braut am Hochzeitstag «mitten aus dem Schoß ihrer Mutter» von Räubern, die von ihren Eltern ein Lösegeld erpressen wollten, fortgerissen. Das Motiv der Raub- und Todeshochzeit ist in der für Apuleius charakteristischen Verschleierung sichtbar, ebenso das der weiblichen Einweihung.

Das Psyche-Märchen, das die Alte der geraubten Braut als

158

Trost erzählt, ist die Einweihung in die schicksalsmäßig notwendige Leidensentwicklung des Weiblichen, dem erst nach Unglück und Leiden die Vereinigung mit dem Geliebten glückt. Daß diese Alte aus Thessalien stammt, dem Lande der Hexen und Hekates, d. h. dem Lande der großen vorgriechischen Muttergottheit, der Pheraia,[41] weitet den Hintergrund und läßt die mythische Tiefe matriarchaler Mysterien aufleuchten.

Eine Andeutung dieser Zusammenhänge hat wieder nur Bachofen verstanden. Er zwängt zwar auch diese Erzählung in sein Schema ein und verfährt dabei mit dem Text, den er auf diese Weise mißverstehen muß, höchst willkürlich. Aber trotzdem hat er die Richtung der Erzählung und darüber hinaus ihren mysterienhaften Charakter nicht verkannt. «Die weibliche Seele erst im Dienst Aphrodites, durch den Stoff beherrscht, durch jeden Schritt auf der verhängnisvollen Bahn zu immer neuem unerwartetem Leiden, zuletzt in die tiefsten Schlammabgründe der Materie geführt – dann aber zu neuem kräftigerem Dasein erstehend aus aphroditischem zu psychischem Leben übergehend. Jene tiefere trägt den tellurischen, diese höhere den uranischen Charakter. In Psyche ersteigt Aphrodite selbst die lunarische Stufe, die höchste, welche des Weibes Stofflichkeit zu erreichen vermag. Ihr zur Seite erscheint Eros als Lunus.»[42]

Der Konflikt Psyche-Aphrodite ebenso wie die weibliche Eigenständigkeit des Psyche-Mythos ist ihm verborgen geblieben, denn der große Entdecker und Preiser des Matriarchats bleibt platonisch-christlich-patriarchal befangen und erfaßt das Weiblich-Psychische nur als eine dem Solar-Geist-Männlichen untergeordnete Stufe.

Eine platonisierende Deutung, die nicht die Details des Textes und des Mythos berücksichtigt, kann nur, wie Bachofen, einen sehr allgemeinen «Läuterungsweg» der Seele in der Psyche-Erzählung erkennen. Sie bezeichnet die Einzelheiten als «Märchenmotive» (als ob damit etwas anderes erkannt sei, als daß es sich um archetypische Züge handelt), und verflüchtigt sich so ins Allgemeinste. Was aber gerade die Besonderheit dieses uns in später Form überlieferten Mythos ausmacht, die weibliche Psychologie, die in ihm enthalten ist, ihre Krisen, Entscheidungen und die Art ihrer spezifisch weiblichen Aktivität, bleibt in einer derartigen Deutung unberücksichtigt.

Wenn wir dagegen glauben, in dem Psychemärchen einen weiblichen Mythos wiederentdecken zu können, dann heißt das, es handelt sich bei ihm um eine spätere und höhere Stufe weiblicher Einweihung, als wir sie in den Eleusinischen Mysterien kennen.

Sowohl die Eleusinischen wie die Isis-Mysterien sind im psychologischen Sinne matriarchale Mysterien, die wesenhaft verschieden sind von dem männlich-patriarchalen Mysterium. Während dies mit dem aktiven Heldenkampf des Ich verbunden ist und auf dem Grundmysterium beruht: «Ich und der Vater sind eins»,[43] sind die ursprünglichen weiblichen Mysterien anders strukturiert. Sie sind Geburts- und Wiedergeburtsmysterien und erscheinen vorwiegend in drei verschiedenen Formen: als Geburt des Logos-Lichtsohnes, als Geburt der Tochter, des neuen Selbst, und als Geburt des Gestorbenen zur Wiedergeburt.

Überall, wo wir diese elementar weibliche Symbolik finden, handelt es sich, unabhängig davon, ob Männer oder Frauen eingeweiht werden, um – psychologisch gesprochen – matriarchale Mysterien.

Während die männlichen Mysterien von der Priorität des Geistes ausgehen und die Wirklichkeit der phänomenalen Welt und der Materie als von ihm geschaffen ansehen, gehen die weiblichen Mysterien von der Priorität der phänomenalen «materiellen» Welt aus, aus welcher das Geistige erst «geboren» wird. In diesem Sinne sind die patriarchalen oberehimmlische, die matriarchalen untere-chthonische Mysterien; bei den einen steht die zeugerische Numinosität des Unsichtbaren, bei den anderen die schöpferische Numinosität des Sichtbaren im Vordergrund. Beide sind zueinander komplementär und ergeben erst zusammen eine Annäherung an die ganze Wahrheit des Mysteriums.

Es ist psychologisch keineswegs gleichgültig, ob ein Mann z. B. in matriarchale oder eine Frau in patriarchale Mysterien eingeweiht wird, oder umgekehrt. Die Einweihung des Männlichen in die matriarchalen Mysterien geschieht auf zwei Wegen, die sich voneinander unterscheiden, und die zu ganz anderen psychischen Entwicklungen führen, als das «patriarchale Mysterium» der Vater-Sohn-Beziehung.

Der eine Weg ist die Identifizierung mit dem geborenen Sohn, d. h. aber eine Heimkehr zum Mysterium des Mutterarchetyps, der zweite ist die Identifizierung mit dem Weiblichen, die gleichzeitig mit einem Sich-Aufgeben des Männlichen verbunden ist. (Dabei braucht es uns jetzt nicht zu beschäftigen, ob dieser Verlust sich in einer wirklichen Kastration, in der Tonsur, im Trinken einer impotent machenden Medizin oder im Anziehen der weiblichen Kleidung symbolisiert.)

161

Wenn wir jetzt zum Isis-Mysterium des Lucius zurückkehren*, verstehen wir, daß die Solifizierung, die Verwandlung in den Sonnen-Licht-Gott, zugleich die in den Sohn der Isis ist, in den Horus-Osiris oder Harpokrates, der von der Gnade der Großen Muttergöttin geboren und wiedergeboren wird. In jedem Fall übernimmt mit der Erlösung des Lucius durch die Isis und mit der Einweihung in ihre Mysterien das Weibliche die Führung. So wie die böse Schicksalsgöttin hinter der Verwandlung des Lucius in den Esel und hinter seinen Leiden stand, so ergreift die Schicksalsgöttin ihn jetzt als gute Göttin, als Sophia-Isis, als Größte der Göttinnen und führt ihn zur Erlösung. Damit gewinnt dieses Geschehen – unmerklich und fast unsichtbar – wieder den Anschluß an das Psychemärchen. Auch im Psychemärchen sind die Ereignisse durch die Aktivität des weiblichen Partners, nämlich Psyches, bestimmt. Die Wandlungen des Eros: Eros als Drachen, Eros als Bestie und als Gatte, Eros als schlafender und schließlich Eros als erlösender und Psyche zu höchstem Sein erweckender Gott – zu allen diesen Stadien ist es nicht durch die Aktivität des Eros selber gekommen, sondern durch Psyches Taten und Leiden. Immer ist *sie* diejenige, welche beginnt, leidet, durchführt und vollendet, so daß letzten Endes auch die Erscheinungsform des Göttlichen, des Eros, durch die liebende und erken-

---

* Wir wollen und können hier nicht prüfen, inwieweit der Goldene Esel als Ganzes etwas über die Echtheit oder Unechtheit der Einweihungserfahrung des Apuleius aussagt, d. h. inwieweit wir es mit einem Roman zu tun haben, der nur charakteristisch ist für die Psychologie dieser Zeit, in der «jeder» sich «überall» einweihen ließ, oder ob die Aussagen des Apuleius auf ein psychologisch-echtes Wandlungsgeschehen hinweisen.

nende Aktivität des weiblichen Teils, der menschlichen Psyche, bestimmt wird.

Bei dem Eros des Psychemärchens, ebenso aber auch bei dem Lucius der Isiseinweihung in all ihren Stadien geht das Geschehen nicht von der Aktivität des männlichen Ich aus, sondern von der Initiative des Weiblichen. In beiden Fällen wird der Prozeß – im Guten wie im Bösen – von diesem Weiblichen sogar gegen ein widerstrebendes und passives männliches Ich durchgeführt. Derartige Entwicklungen aber, in denen «die Spontaneität der Psyche» und ihre lebendige dirigierende Kraft den Ausschlag geben und das Leben des Männlichen bestimmen, sind uns aus der Psychologie des schöpferischen Menschen ebenso wie aus der Psychologie der Individuation bekannt. In allen diesen Prozessen, in denen «Psyche führt» und das Männliche ihr folgt,[*] gibt das Ich seine Führerrolle ab und wird von der Ganzheit gelenkt. Bei psychischen Entwicklungen, in denen sich das Nicht-Ich, das Selbst, als Zentrum erweist, handelt es sich um schöpferische Prozesse und Einweihungsprozesse in einem.

Während im Psychemärchen der Mythos der weiblichen Individuation bis zur höchsten Vereinigung des Weiblichen mit dem göttlichen Geliebten führt, endet der Roman des Apuleius, wie um diese weibliche Einweihung durch eine männliche zu ergänzen, mit der Einführung des Lucius in das Mysterium der Isis, in dem die Große Mutter sich als Sophia und als «Ewig Weibliches» offenbart.

---

[*] Am bekanntesten sind diese Entwicklungen da, wo beim Männlichen eine Teilstruktur der Psyche, ein Teilaspekt ihrer dirigierenden Ganzheit, die Anima, führt.

Wenn Apuleius betet: «Du freilich, heilige und des Menschen-Geschlechtes ewige Retterin, Beschirmerin immer der zu hegenden Sterblichen, gewährst einer Mutter süße Zuneigung den Unfällen der Armen... Dich verehren die Obern, dir dienen die Untern, du drehest den Erdkreis, erleuchtest die Sonne, regierst die Welt, zerstampfest den Tartarus. Dir erwidern die Gestirne, kehren zurück die Gezeiten, freuen sich die Geister, dienen die Elemente», und wenn er endet: «Deine göttlichen Mienen und dein heiligstes Wesen, gegründet in den Geheimtiefen meiner Brust, werde ich mir immerdar wachsam vor Augen halten», so ist das der großartige Vorklang des fast zweitausend Jahre späteren Gegengesanges, in den schon die Stimme und das Bild Psyches eingangen ist:

> «Blicket auf zum Retterblick
> Alle reuig Zarten,
> Euch zu seligem Geschick
> Dankend umzuarten.
> Werde jeder bessre Sinn
> Dir zum Dienst erbötig,
> Jungfrau, Mutter, Königin,
> Göttin, bleibe gnädig.»

NACHWORT

Die uns im «Goldenen Esel» überlieferte Geschichte von
Amor und Psyche ist nicht das geistige Eigentum des Apuleius. Was von dem 124 n. Chr. geborenen Apuleius als Märchen
dargestellt wurde, stammt in Wirklichkeit aus einer viel früheren Zeit.[*]

Wie fast in jedem Märchen, ist auch in diesem mythologisches Gut erhalten, das von der durch die herrschende Kultur
anerkannten Mythologie ausgeschlossen wurde. Aber die
Einzigartigkeit des Psyche-Märchens geht weit darüber hinaus, einen Mythos zu enthalten so wie z. B. das ägyptische Ba-
tamärchen, das den ursprünglichen Mythos von Isis und Osiris aufbewahrt hat. Das Faszinierende der Erzählung des
Apuleius besteht darin, daß sie, neben einer Fülle mythologischer Züge und Zusammenhänge, eine Entwicklung darstellt,
welche gerade die Herauslösung des Individuums aus der
mythischen Vorwelt, die Befreiung der Psyche, zum Inhalt
hat.

Die Forschung der letzten Jahrzehnte hat eine Fülle von
möglichen und wirklichen Quellen und Einflüssen wahr-

---

[*] Die Mitteilung des Fulgentius, Apuleius habe das Märchen dem griechischen Erzähler Aristophontes von Athen entlehnt, führt uns ebensowenig
weiter wie die Tatsache, daß Kunstwerke aus klassischer Zeit das Be-
kanntsein der Geschichte bekunden.[44]

scheinlich gemacht, die in dem Psyche-Märchen zusammen-
geströmt sind.

Uns interessiert aber diese Diskussion nur sekundär. Den Psychologen beschäftigt die sinnvolle Einheit des Ganzen in der
Beziehung zu seinen Teilen, nicht so sehr die Herkunft und
Geschichte der einzelnen Teile selber, die in diese Ganzheit
eingegangen sind. Diese Aufgabe überläßt er den Philologen
und Religionshistorikern.

Aber ebenso wie die Bedeutung des Traumes oft erst durch
die Amplifikation seiner Teile sichtbar wird, ist auch hier für
die Erfassung des Sinnes das Verständnis der neuen Synthese
des überlieferten Materials aufschlußreich. Daß die verglei-
chende Forschung im Psychemärchen eine Fülle von Mär-
chenmotiven[45] entdeckt hat, ist weder überraschend noch
sehr erleuchtend, denn es besagt nur, daß hier und dort die
gleichen archetypischen Motive vorkommen. Dabei ist die
Frage, ob es sich um eine Wanderung oder um spontanes
Neuauftreten dieser Motive handelt, für uns belanglos.

Wenn gesagt wurde, in dieser Erzählung werde «das Schicksal der durch mannigfache Prüfungen geläuterten menschlichen Seele nach dem Muster der Platonischen Allegorien geschildert»,[46] ist dieses Urteil zwar in banaler Weise richtig,
aber in seiner allgemeinen Formulierung ebenso falsch, wie
die Verwechselung der Platonischen Symbole mit Allegorien.
Die Interpretationsrichtung, welche das Psychemärchen aus-
schließlich von dem «Platoniker» Apuleius abzuleiten versucht, ist ebenso als einseitig abzulehnen wie jede Interpretation, welche die Komplexheit sowohl wie auch die Einzigartigkeit und Originalität des Psyche-Mythos verkennt. Daß
aber eine über Plato kommende Überlieferung für die Ge-

166

staltung des Psyche-Mythos wichtig geworden ist, wird uns noch beschäftigen.

Im Gegensatz zu der platonisierenden Deutung von einem «moralischen Zweck» des Goldenen Esels zu sprechen, der «in der Psycheerzählung noch nicht deutlich geworden sei»,[47] ist ebenfalls abwegig. Wie so oft hat dagegen auch hier, wie wir sahen, die Intuition Bachofens[48] wichtigste Zusammenhänge der Erzählung erkannt und gedeutet. Unsere Interpretation stimmt zwar mit der seinen nur in einzelnen Punkten überein, weil sie nicht mehr durch die christlich-moralische Zeitbedingtheit Bachofens beschränkt ist und von den Erkenntnissen der Tiefenpsychologie ausgeht; davon abgesehen aber gebührt ihm das Verdienst, in der Psyche-Geschichte ein wesentliches Stück weiblich-seelischer Entwicklung erstmalig erfaßt zu haben.

Hierhin gehört besonders die herrliche Stelle aus Bachofens Mutterrecht,[49] in der er Eros mit Dionysos gleichstellt und wesentlichste Grundsituationen der weiblichen Psychologie aus der Psyche-Dionysos-Beziehung ableitet, und der umfangreiche Abschnitt über den Psychemythos in der «Gräbersymbolik».[50]

Einen bedeutsamen Beitrag zur Erkenntnis der Teile, deren Synthese der uns vorliegende Psyche-Mythos darstellt, bildet dagegen der Nachweis einer orientalischen Göttin Psyche durch R. Reitzenstein*.[51] Wenn er aus dem ägyptischen

---

* Wir haben in unserer Interpretation nicht von Cupido und Psyche gesprochen, wie es der Text des Apuleius will, der so Römisches mit Griechischem mischt, sondern von Eros und Psyche, und wir haben diese Rückübersetzung ins Griechische einheitlich durchgeführt. Nicht aus philolo-

Zauberpapyros die Gestalt des Eros als eines Knaben und lebendigen Gottes nachweisen konnte, der als «Bewohner des vielersehnten Palastes und Herr des schönen Lagers» bezeichnet wird, ebenso wie als «beflügelter Drachen», dann ist dies ebenso aufschlußreich wie die Entdeckung einer Göttin Psyche, die «dem Weltall Bewegung, Beseelung und dereinst, wenn Hermes sie führt, Freude bringt», und deren Partner ein allwissendes Drachen-Ungeheuer ist.

Der Hinweis auf die für Apuleius zeitgenössische Gnosis und ihre Inhalte ist fruchtbar, obgleich auch er, wie wir sehen werden, nicht sehr weit führt. Reitzenstein weist auf die gnostische Anschauung hin, daß Gott sich der Seele des Auserwählten unsichtbar und doch durchaus sinnlich gesellt und sie von ihm den Samen der Unsterblichkeit empfängt. Diesem unsichtbaren Bräutigam muß die Seele in aller Not und Versuchung die Treue halten, um nach dem Tode des Leibes Gott wirklich schauen und mit ihm die Himmelshochzeit

---

gischer Pedanterie, die gerade bei diesem Text höchst unangebracht wäre, haben wir die römischen Götternamen in die griechischen transponiert. Das frivole spätrömische Göttermilieu des Apuleius, mit dem Psyche es zu tun hat, bildet literarisch einen Reiz der Erzählung, den wir nicht verkennen. Aber in unserer Interpretation, welche gerade die mythischen Züge betont, ist es richtiger, von eleusinischen Mysterien der Dementer und nicht der Ceres zu sprechen, und die Herrin von Argos Hera und nicht Juno zu nennen. Wichtiger aber als dies ist, daß mit Aphrodite, nicht aber mit Venus für uns die Assoziationen der großen weiblichen Göttin verbunden sind, und daß der Liebhaber und Gatte Psyches in diesem Mythos – im Gegensatz zur verniedlichenden Puttendarstellung auch der Antike[52] – nicht Amor oder Cupido ist, sondern der urmächtige Gott Eros.

feiern zu dürfen.[53] Mit Recht zitiert Reitzenstein ebenso, daß
bei Philo[54] «im Bakchos Mysterium der Zustand der Ekstase
des geistigen Entrücktseins als ein Geraubtsein von Eros
bezeichnet wird», und weist darauf hin, daß es noch heutzu-
tage z. B. in Ägypten die Auffassung von der Braut des zâr,
eines Geistes, gibt, wo ein Mädchen diesem Geist faktisch zur
Ehe gegeben wird. In den gleichen Zusammenhang gehören
die «Besessenheitszustände» durch einen Geist, die wir aus der
Dämonologie aller Zeiten kennen.*

Das heißt aber, es handelt sich um ein archetypisches Geschehen, das zwischen dem Weiblichen und einem unsichtbaren
männlichen Geist spielt, und das sich, wie es in jedem mystischen Erleben wirksam wird, natürlich auch in allen ange-
führten «Quellen» nachweisen läßt.

Bei näherem Hinsehen wird die Gleichheit dieser «Quellen»
mit dem Psychemythos durch eine ebenso große oder noch
größere Anzahl von Verschiedenheiten aufgewogen, und es
stellt sich – was wir hier nicht nachweisen können – heraus,
daß die Gleichheit meist archetypisch, die Verschiedenheit
aber gerade spezifisch ist. So wenn z. B. Reitzenstein den gnostischen Mythos, in dem Psyche vom Fürsten der Dunkelheit
geraubt, schließlich aber von der pleromatisch höchsten
Gottheit wieder erlöst wird, für das Psychemärchen heranzieht.

Der archetypische Dualismus der iranischen Gnosis ist etwas
gänzlich anderes, als die Doppelstruktur des Eros im Mythos

---

* Vgl. dazu auch das interessante Drama von Anski: «Der Dybuk», «Zwischen zwei Welten», in dessen Zentrum eine solche Liebesbesessenheit
steht.

169

des Psychemärchens, in dem es gerade um das Umgekehrte, nämlich um die Synthese dieser Gegensätze geht, die an dem einen Partner, an Eros, erfahren werden. Ähnliches ließe sich über Reitzensteins Konstruktion eines orientalischen Psyche-mythos sagen, nach dem Psyche den Eros getötet haben soll und ursprünglich zur Unterwelt gegangen sei, um für ihn das Lebenswasser zu holen. Nicht nur, daß dieses orientalische Mythologem, das wir von Ischtar und Tamuz her kennen, nichts mit dem Psychemärchen zu tun hat,[*] die Akzente des Psychemärchens liegen genau umgekehrt. Selbst wenn ein derartiges orientalisches Mythologem auf das Psychemärchen eingewirkt haben sollte, wäre es, was das Entscheidende ist, in völlig anderer Weise verarbeitet worden. Das gleich gilt für Kerényis Auffassung, der «die Göttin mit der Schale»[57] mit Psyche zu verbinden sucht. Wenn er mit Recht das Paar Ariadne-Theseus-Dionysos und die Göttin mit der Schale und ihren Partner nebeneinanderstellt, und die Schale als das vom Männlichen her «zu Erfüllende» deutet, dann bildet diese empfangende und erlösungsbedürftige Haltung gerade den Gegensatz zu dem, was im Mittelpunkt des Psychemy-thos steht, nämlich die handelnde und selber Erlösung brin-gende Aktivität Psyches. Nur für die Endsituation läßt sich, wie wir gezeigt haben, diese «Erfüllungproblematik» nach-weisen. Gerade diese mystische Endsituation aber ist wieder archetypisch und bedarf daher keiner religionshistorischen «Ableitung».

---

[*] Die ägyptische Terracotta von Psyche mit Eros, die Reitzenstein[55] und nach ihm Kerényi[56] deuten wollen, als ob auf ihr Psyche den Eros töte, stellt nichts dergleichen dar!

Während der uns vorliegende Psychemythos und seine Psyche-Eros-Beziehung nur in allerunbestimmtester Weise mit dem orientalischen Mythologem zu verbinden ist, steht das altgriechische Psychemärchen dieser seiner spätesten mythischen Märchenform bei Apuleius viel näher. Obgleich wir keinen Text dieses Märchens kennen, wissen wir aus den zahlreichen antiken Darstellungen mit Sicherheit, daß in ihm Eros nicht nicht nur eine – oft als Falter dargestellte – Psyche (Psyche heißt ja Nachtschmetterling) leiden macht, sondern auch selber von Psyche in ganz der gleichen Weise gequält wird.[58] Damit aber sind wesentliche und in den oben erwähnten Mythen nicht auftauchende Grundmotive unseres Psychemythos als alte Motive erwiesen. Daß nicht nur die menschliche Seele passiv gereinigt und geläutert wird, sondern daß sie auch aktiv dasselbe dem sie liebenden Eros auferlegt, ist im Märchen vorgebildet und kommt im Psychemythos zu seiner bedeutsamen Ausprägung. Nicht Psyche allein wandelt sich in ihm, sondern in ihr Geschick ist das ihres Partners, Eros, unauflösbar eingeschlungen. Das aber macht den Psychemythos zu einem Mythos der mann-weiblichen Beziehung.

Die mythologische Geschichte dieses Eros zu verfolgen, überschreitet unsere Kompetenz bei weitem. Es ist aber nicht zufällig, daß sie immer mit «matriarchalen Mysterien» verbunden ist. Eros wird als der Sohn der Aphrodite zu Horus[59] in Parallele gesetzt und erweist so seine Verbindung zu dem großen matriarchalen Mysterienbezirk, den die Gestalt der Isis, der Mutter des Horus, beherrscht. Des weiteren nimmt die jüngste Forschung an,[60] der altgriechische Eros sei der Nachfolger des jungen vorgriechischen kretischen Gottes,

d. h. eine Entsprechung der zur Großen Mutter gehörenden jugendlichen männlichen Gottheiten wie Adonis und Attis. Mit dieser Herkunft von Kreta gelangen wir mythologisch ebenfalls in die präpatriarchale, d. h. matriarchale, Schicht der Mittelmeerkulturen, deren Wurzeln in die Prähistorie hineinreichen.[61]

Als letztes und wichtigstes gehört in diesen Zusammenhang die Einführung des Eros in Platons Symposion durch Diotima, die von Sokrates deutlich als Priesterin weiblicher Mysterien charakterisiert wird.* In seiner Studie über den «Großen Daimon des Symposions»[63] hat Kerényi diesen Eros und sein Mysterium meisterhaft gedeutet. Das Werk des Mysteriums ist «Zeugen und Gebären im Schönen», das Tragen «eines geheimnisvollen Kindes, das sowohl den Leib wie die Seele durch seine Gegenwart trächtig macht», eine Schwangerschaft, die von der Gegenwart und vom Wirken des Eros zeugt. Die Erfüllung dieser Schwangerschaft, das Aufhören der Not des Eros, ist das «Gebären im Schönen». Die höchste Form dieser Geburt ist, wie Sokrates aus den matriarchalen Mysterien Diotimas lernt, die Selbst-Geburt in der «Wiedergeburt des Eingeweihten als göttliches Wesen».

Unzweifelhaft mußte sich für Apuleius diese Einweihung durch Diotima, falls er sie als Platoniker im Sinne Kerényis verstanden hat, mit den Einweihungsmysterien der Isis und ihren eleusinischen Entsprechungen ebenso wie mit dem ihm vorliegenden alten Märchen von einer leidenden Psyche ver-

---

* Auch die Erkenntnis des Zusammenhangs der mantineischen Diotima mit dem pelasgisch-matriarchalen, d. h. vorhellenischen, Kulturkreis verdanken wir Bachofen.[62]

binden. Daneben mögen gnostische und orientalische Einflüsse bei der Gestaltung dieses Mythos-Märchens auf ihn eingewirkt haben. Das, was uns aber bei diesem Mythos immer wieder überwältigt, ist gerade seine Einheitlichkeit und die Einheitlichkeit der weiblichen Psychologie, die aus ihm spricht, und die aus keiner Quelle allein ableitbar ist. Sie wird erst vor dem Hintergrund einer antiken «matriarchalen Psychologie» verständlich, die als wirkende psychische Schicht in einer Fülle von Mythen, Riten und Mysterien nachweisbar ist.

Wenn wir uns jetzt noch einmal rückblickend fragen, wie es möglich ist, daß das Psychemärchen, obgleich es ein Kernstück weiblicher Psychologie darstellt, von einem Manne zumindest überliefert und mitgeformt wurde, dann ist die Antwort auf diese Frage nun nicht mehr ganz so rätselhaft. Objektiv sind in ihm vielfache Ströme matriarchaler Psychologie eingemündet, die aus der vorpatriarchalen Zeit der Antike stammen. Der starke Einfluß Ägyptens hat über die Isismysterien auf die Einweihungsmysterien des Hellenismus eingewirkt, und die Eleusinischen Mysterien ebenso wie die griechischen und vorgriechischen Mysterien des Eros stammen aus der matriarchalen mediterran-vorgriechischen Kultur, die über Mantinea-Diotima auch Plato und den Platoniker Apuleius beeinflußt haben. Auch die Mythen und Mysterien der Aphrodite sind nicht griechisch, sondern gehören dem kleinasiatischen Bezirk der Großen Mutter an, von der alle griechischen Göttinnen Teilaspekte bilden. Die orientalischen Mythologeme, die hier herangezogen werden können, wie z. B. das der Ischtar, sind ebenfalls matriarchal als Mythologeme der Großen Mutter mit dem Jünglingssohn, und die

gnostischen Mythen zeigen mit ihrer archetypischen Geist-
Himmelswelt deutlich den Kampf einer aufsteigenden
männlich-patriarchalen Ideologie gegen die alte Herrschaft
des Archetyps der Großen Mutter.[64]

Diese objektive Kulturgegebenheit wurde für Apuleius wie
für viele Menschen seiner Zeit zur subjektiven Erfahrung
durch seine Einweihung in die Isismysterien, die er im Goldenen Esel schildert, und in denen die matriarchale Psychologie
zum Eigenerlebnis des Männlichen wird.

Darüber hinaus aber wurde die Einweihungserfahrung der
Religion dadurch zur persönlichen Erfahrung des Menschen
Apuleius, daß er einer der schöpferischen Männer ist, zu deren
Grunderlebnissen es gehört, daß sie, wie das Weibliche, ge-
bären müssen, und daß in ihnen «Psyche führt».

LITERATURVERZEICHNIS

[1] Jung-Kerényi, Einführung in das Wesen der Mythologie.

[2] H.J. Rose, Handbook of Greek Mythology, p. 141.

[3] P. Philippson, Thessalische Mythologie, S. 88.

[4] P. Philippson, Thessalische Mythologie, S. 85.

[5] R. Reitzenstein, Das Märchen von Amor und Psyche bei Apuleius, S. 80, Berlin 1912.

[6] Th. Picard, Die Ephesia von Anatolien, Eranos Jahrbuch 1938.

[7] Verf. Ursprungsgeschichte des Bewußtseins.

[8] J.J. Bachofen, Versuch über die Gräbersymbolik der Alten, S. 93 ff., Ausg. Bernouilli-Klages.

[9] Die Höllenfahrt der Ischtar, Ungnad, Die Religion der Babylonier und Assyrier.

[10] K. Kerényi, Töchter der Sonne, S. 165.

[11] Verf. op. cit.

[12] Friedländer, Darstellungen aus der Sittengeschichte Roms, 9.–10. Aufl. – O. Weinrich, Bd. IV, Abschn. X, Das Märchen von Amor und Psyche

[13] K. Kerényi, Urmensch und Mysterien, Eranos Jahrbuch XV.

[14] K. Kerényi, Töchter der Sonne, S. 30 f.

[15] Verf. op. cit.

[16] Aelian, Varia Hist. III 42.

[17] Stesichoros nach K. Kerényi, Töchter der Sonne, S. 28.

[18] K. Kerényi, Töchter der Sonne, S. 81 f.

[19] Verf. Über den Mond und das matriarchale Bewußtsein, Eranos Jahrbuch XVIII.

[20] Verf. op. cit.

[21] Verf. op. cit.

[22] R. Briffault, The Mothers.

[23] Levy-Bruhl, Die geistige Welt der Primitiven.

[24] Jung-Evans-Wentz, Das Tibetanische Totenbuch.

[25] K. Kerényi, Töchter der Sonne, S. 170.

[26] Jung-Kerényi op. cit.

[27] Jung-Kerényi op. cit.

[28] Verf. op. cit.

[29] Verf. op. cit.

[30] Verf. op. cit.

[31] Verf. Die mythische Welt und der Einzelne, Eranos Jahrbuch XVII.

[32] C. G. Jung, Über die Beziehung zwischen dem Ich und dem Unbewußten.

[33] Verf., Über den Mond op. cit.

[34] Verf. op. cit.

[35] O. Weinreich in Friedländer op. cit.

[36] Übersetzung von Pressel und E. Norden in «Griechische Märchen», Diederichs Verlag.

[37] Tejobundo-Upanishad 8, Deussen 60 Upanishads, S. 665.

[38] C. G. Jung, Das Geheimnis der Goldenen Blüte. – Jung-Kerényi op. cit. – C. G. Jung, Psychologie und Alchemie. – C. G. Jung, Gestaltungen des Unbewußten u. a.

[39] R. Reitzenstein, Das Märchen von Amor und Psyche, s. o.

[40] Dibelius, Die Isisweihe bei Apuleius und verwandte Initiationsriten, Sitzungsbericht der Heidelberger Akademie der Wissenschaften, 1917.

[41] P. Philippson op. cit.

[42] J. J. Bachofen op. cit.

[43] Verf. op. cit.

[44] E. Rhode, Der Griechische Roman und seine Vorläufer, S. 371 Anmerkung.

[45] Friedländer-Weinreich op. cit.

[46] F. Ilmer, Einleitung S. III z. Apuleius, Der Goldene Esel, Propyläen-Verlag.

[47] F. Ilmer, S. IV op. cit.

[48] J. J. Bachofen op. cit.

[49] J. J. Bachofen, Das Mutterrecht, Benno Schwabe 1948 II, S. 585.

[50] J. J. Bachofen, Versuch über die Gräbersymbolik der Alten, S. 94.

[51] R. Reitzenstein, Die Göttin Psyche, Sitzungsbericht der Heidelberger

Akademie der Wissenschaften 1917.

[52] Jahn, Bericht über einige auf Eros und Psyche bezügliche Kunstwerke, 1851. – R. Pagenstecher, Eros und Psyche, 1911. – R. Reitzenstein, Eros und Psyche in der altägyptisch-griechischen Kleinkunst, 1914.

[53] R. Reitzenstein, Die Göttin Psyche, S. 25 op. cit.

[54] Philo, de vita cont. 473 M

[55] R. Reitzenstein, Die Göttin Psyche op. cit.

[56] K. Kerényi, Die Göttin mit der Schale in «Niobe».

[57] K. Kerényi, «Niobe» op. cit.

[58] Jahn, op. cit.

[59] A. W. Persson, The Religion of Greece in Prehistoric Times, Univ. of California 1942, p. 119.

[60] A. W. Persson, op. cit. p. 151.

[61] G. R. Levy, The Gate of Horn. – G. Thomson, Studies in Ancient Greek Society, The Prehistoric Aegean.

[62] J. J. Bachofen, Das Mutterrecht, s. o., II S. 844 f.

[63] K. Kerényi, Der Große Daimon des Symposion, Albae Vigiliae XIII.

[64] Verf. op. cit.

Erich Neumann

Die Große Mutter
Eine Phänomenologie der weiblichen Gestaltungen
des Unbewußten
Mit 186 Abbildungen, 77 Textillustrationen,
XV Seiten Index. 350 Seiten. Kartoniert

«Begreiflicherweise ist mir als Psychologen am schätzenswertesten, was Erich Neumann zur Grundlegung einer Psychologie des Unbewußten beizutragen hat. Er gründet die für viele Leute so befremdlichen Begriffe der komplexen Psychologie auf entwicklungsgeschichtliche Fundamente und errichtet darüber ein übersichtliches Gebäude, in welchem die empirischen Begriffsgestalten einen Lebensraum finden. Die Errichtung eines geordneten Systems kann nie von einer Gesamthypothese absehen, welche sich ihrerseits auf das Temperament und die subjektiven Voraussetzungen des Autors, neben den objektiven Grundlagen, stützt. Gerade in der Psychologie ist dieser Faktor von größtem Belang. Die ‹persönliche Gleichung› bedingt die Art des Sehens. Relativ endgültige Wahrheit bedarf des Zusammenklangs vieler Stimmen.» C. G. Jung

Walter-Verlag

Verena Kast

Wege aus Angst und Symbiose
208 Seiten, kartoniert, 5. Auflage

Mann und Frau im Märchen
124 Seiten, kartoniert. 4. Auflage

Familienkonflikte im Märchen
131 Seiten, kartoniert. 3. Auflage

Wege zur Autonomie
160 Seiten, kartoniert. 2. Auflage

Märchen als Therapie
212 Seiten, kartoniert

«Die Dozentin Verena Kast zeigt in ihren Büchern, wie man auch unter psychologischen Gesichtspunkten Märchen unterschiedlich deuten kann. Der Leser wird angeregt, die Bilder der Märchen in sich aufsteigen zu lassen – und schon die Feststellung, welche Märchenbilder ihn besonders beeindrucken, bringt ihn dem Verständnis seiner eigenen Problematik näher. Je besser wir uns in die Partner der Märchenwelt einzufühlen vermögen, um so eher erfahren wir auch Aspekte unserer eigenen Psyche. Bücher, in denen die Märchen zu einem Lehrstück für unser Leben werden.»
Frankfurter Allgemeine Zeitung

Walter-Verlag